소그룹 영성형성 훈련

-여정의 탐구-

소그룹 영성 형성 훈련-여정의 탐구

Companions in Christ-Exploring the Way

초판 발행: 2007년 12월 30일
지은이: Majorie J. Thompson
옮긴이: 최대형
발행처: 도서출판 은성
등록: 1974년 12월 9일 제9-66호
주소: 서울시 강동구 성내동 538-9
전화: 02) 477-4404
팩스: 02) 477-4405

Printed in Korea
ISBN 89-7236-353-8 33230

Originally published in English under the title of Companions in Christ *Exploring the Way: An Introduction to the Spiritual Journey[Participant's Book]* by Majorie J. Thompson.
Published by Upper Room Books, in U. S. A. in 2005.

http://EunsungPub.co.kr

COMPANIONS *in Christ*®

A Small-Group Experience in Spiritual Formation

EXPLORING THE WAY

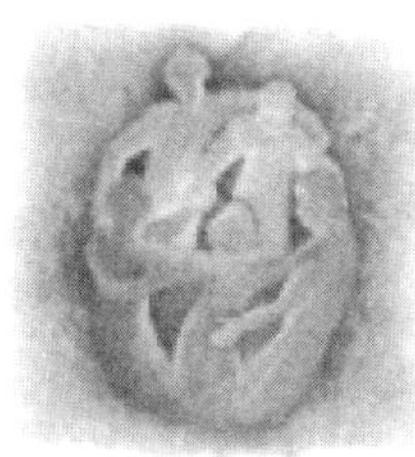

Marjorie J. Thompson

translated by

Anthony Paul, Choi

소그룹 영성형성 훈련

-여정의 탐구-

매조리 J. 톰슨 지음

최대형 옮김

목차 | CONTENTS

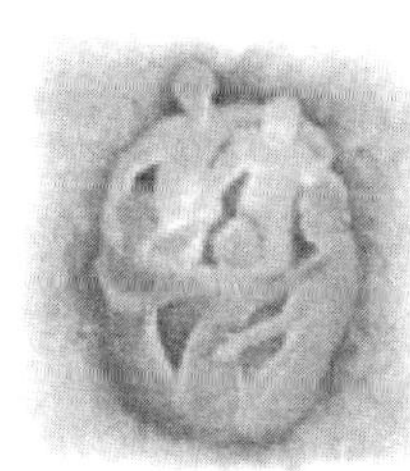

역자 서언

이 책은 28주 코스의 『소그룹 영성 형성 훈련』(*Companions in Christ*)에 이어 보다 깊은 탐구를 위해 각론적인 탐구가 필요하다는 많은 사람들의 요구에 의해서 집필되었습니다. 각론적인 시리즈로서 먼저 『용서의 길』이 출판되어서 미국에서도 많은 찬사와 호응을 얻었다고 합니다. 또한 역자가 지난 몇 해 동안 인도했던 소그룹에서도 『용서의 길』을 진행하는 동안 많은 변화를 목격하였습니다.

그동안 "영성이란 무엇인가?"라는 근본적인 질문에 빈약하고 어눌한 답변을 해오던 차에 이 『여정의 탐구』가 출간되어 얼마나 기쁘고 흥가분한지 모릅니다. 이 글이 책으로 나오기 전에 여러 차례 몇 개의 소그룹에서 실천해 온 바 있습니다. 이미 소그룹 영성 훈련에 참여했던 이들이나 기독교 영성을 처음 접해 보는 이들 모두에게 유익했음은 확연한 사실입니다. 이미 영성 훈련을 해왔던 이들은 그동안 어렴풋이 이해했던 부분이 명확하게 정리되었으며, 처음 접했던 이들은 기독교 영성이 무엇이라는 것을 분명히 이해할 수 있었습니다. 후자의 경우 28주 코스의 『소그룹 영성 형성 훈련』에 들어가기가 매우 용이했을 것입니다.

세계의 종교는 어김없이 그 나름대로 영성이 있습니다. 그러나 기독교 영성은 단연코 특별합니다. 중심된 특징은 성자의 성육신과 그리스도의 십자가의 구속과 성령의 역사 등입니다. 인간 자력으로써 얻는 구원이 아니라 무한하신 하나님의 사랑과 긍휼로써 얻는 구원입니다. 초대교회 시절의 헬라 철학과 세계의 종교 대부분이 인간의 금욕과 노력의 결과로써 얻어지는 구원을 말하고 있습니다.

그런데 유감스럽게도 영성 형성 훈련을 자력으로써 구원을 얻는 방편이라 오해하여 경계하는 사람들이 생겨나고, 그리고 실제로 영성 훈련 자체가 바로 구원이라고 은연중에 선전하는 이들도 생겨나니고 있다는 것입니다. 작금에 무분별하게 영성이라는 이름하에 난잡한 춤을 추고 있는, 그 근원도 불분명한 다원주의적인 영성 훈련들이 예수 그리스도와 성령의 은혜로운 역사하심을 부인하면서 교묘히 사람들을 미혹하고 있습니다. 이러한 때 작지만 강력한 『여정의 탐구』는 좋은 영성 생활에 있어서 바르고 좋은 길잡이가 될 것으로 믿습니다.

6주 코스로 구성된 이 책은 단기간 피정을 계획하고 있는 교회 공동체나 개인에게 매우 유용할 것입니다.

이 과정을 진행하는 데 있어서 일반적인 진행 과정—하루는 탐구, 닷새 동안은 매일의 과제 다섯을 하루에 한 개씩 하고, 마지막 날에 소그룹 모임에 참석하는 것—은 동일하며, 영성 일지를 작성하는 것이 중요하다는 것 등은 재차 강조해 두는 바입니다. 이 책은 28주간의 코스인 『소그룹 영성 형성 훈련』을 근간으로 한 하나의 시리즈이므로, 영성 형성 훈련에 대한 기본 틀과 지식, 과정에 대해 좀 더 알고자 할 때는 이 책의 학습자 및 인도자용을 읽어 보기를 권합니다. 아니, 어쩌면 소그룹 영성 형성 훈련에 들어가기 전에 이 책의 과정을 밟아야 할지도 모릅니다. 왜냐하면 이 책은 정말 기초가 되는 과정이기 때문입니다.

"너희는 여호와의 선하심을 맛보아 알지어다 그에게 피하는 자는 복이 있도다"(시 34:8).

개요 | INTRODUCTION

> **당신은 우리를 당신을 위해서 창조하셨습니다. 그러므로 우리의 마음은 당신 안에 쉼을 얻기 전에 결코 안식할 수 없습니다.**
>
> —성 아우구스티누스, 4세기

초대교회의 위대한 신학자 성 아우구스티누스의 이 고백은 모든 인류가 하나님과의 교제를 얼마나 열망하고 있는지를 말해 주고 있다. 우리 인간은 쉼이 없는 동물이다. 삶 자체로 만족할 수 없기 때문이다. 우리는 표면적인 세상의 것 그 이상을 갈망하고 있다. 인간은 운명의 의미와 목적과 뜻을 추구한다. 우리는 사랑과 진정한 수용과 소유의 깊은 뜻을 추구한다. 그리고 우리는 타락한 인간과 상처 입은 피조물을 구원하고 치유하시는 하나님께 속해 있도록 이 세상의 선과 차별화하기를 원한다.

하나님은 우리 인간이 이러한 탐구를 하도록 창조하셨다. 우리는 모두 영적인 본향과 우리에게 생명을 준 사랑의 근원으로 돌아가는 길을 찾으려 노력한다. 영혼의 본향인 그곳으로 돌아가기 전에는 온전한 안식을 누릴 수 없다. 우리들의 본향인 하나님께로 가는 여정을 "영적 여정"이라고 한다. 그러나 어떻게 이 여정을 갈 것인가? 그 길은 무엇이며, 그 길로 인도하는 이정표는 어디에 있는가? 누구와 함께 여행할 것이며, 그 길을 걸었던 경험 있는 안내자를 구할 수 있을 것인가?

하나님께 더욱 가까이 가겠다는 생각을 할수록 마음에 이러한 걱정과 많은 질문이 일어난다. 우리 곁에 있는 사람과 같이 이 여행을 한다는 것이 불안할 수도 있다. 우리가 가는 그 길이 아닐 것이라는 불확실한 생각도 들 것이다. 하나님께서 우리와 동행하겠다고 청하시더라도, 아직 준비가 덜 되어 있다는 생각이 들지 않는가? 하나님께 더 가까이 다가갔다고 해서 언제나 위로가 되는 것만은 아니다.

우리 자신의 생각과 느낌과 질문은 혼자의 것이 아니다. 누구나 가끔은 하나님을 열망하는 경험을 알며, 어떤 때는 하나님으로부터 거절당하는 느낌도 안다. 우리는 모여서 함께 공통의 문제를 다루고 격려해 주며 각자에게 닥친 두려운 일들에 대해 말함으로써 서로 지혜를 나눌 필요가 있다.

이 책은 소그룹을 위한 기독교 영성 생활 개론서이다. 기독교 영성이 무엇인지 모르거나 영성 형성의 용어에 대해 보다 깊은 이해를 원한다면 이 책이야말로 매우 유용할 것이다. 신앙에 대한 질문이나 문제들을 공부하는 소그룹에 참여하기를 원했지만 소그룹이라는 역동성과 너무 바쁜 나머지 장기간 이러한 탐구에 참여할 수 없다는 것을 염려했다면, 이 책이야말로 도움이 될 것이다. 이 책은 단지 여섯 주 동안만 소그룹이나 많은 회중을 상대로 사용할 수 있도록 되어 있다.

『여정의 탐구』는 성경말씀을 기초로 하여 기독교 영성 생활의 기본 개념을 소개한다. 각 장에 나오는 이야기와 예화들은 영성 생활의 기본 개념을 일상생활에서의 경험과 연관짓는 데 도움을 줄 것이다. 또한 영적 여정을 설명하는 참고 자료를 통해 자주 사용되는 용어에 대한 정의를 이해하는 데 도움이 될 것이다. 가장 중요한 것은 영적 여정을 지속할 수 있도록 하는 성경 묵상, 기도, 매일 자기 성찰(규문), 듣기, 영적 일지 기록하기 등 영적 훈련을 시작하는 것이다. 이 영성 훈련들은 복잡하지 않고 배우기 쉬우며 매우 만족하게 해줄 것이다. 또한 매 주일 모임에서 "맛보아 알지어다"라는 훈련을 실천하는 동안 경험한 것을 서로 나눔으로써 타인의 경험에 비추어 자신의 것을 반영해 보는 기회도 가질 것이다. 그리고 다음 미팅이 있을 때까지 "다음 한 주간 동안의 영성 훈련"을 실천하게 된다.

매주 모임은 찬양과 함께 기도하거나, 촛불을 켜면서 그 주간의 주제가 되는 성경 구절을 읽고 듣는 간단한 예배로 시작한다. 또한 지난 한 주 동안 실천한 영성 훈련과 경험을 나누는 기회도 가질 수 있다. 그런 다음 소그룹의 리더는 이번 모임에서 다룰 영성 훈련을 위한 "도입" 부분을 설명한다. 참여자들은 "도입" 부분에서 서로의 생각과 의견을 나눈다. 그 다음에 "맛보아 알지어다"를 통해 금주의 영성 훈련 실천을 소개한 후 질문과 보다 깊은 영성 훈련 참고 자료를 가지고 이야기를 나눈다. 그리고 짧은 기도와 찬양으로 모임을 마무리한다.

참석자들이 다음 주의 내용을 미리 읽고 몇 가지 실천하고 온다면 이 모임은 매우 활기차고 효과적이 될 것이다. 악기 다루는 것을 익히지 못한 사람은 연주할 수 없으며 훈련하지 않으면 운동선수가 되지 못하는 것처럼, 훈련 없는 영성 훈련은 할 수 없다. 여섯 주 동안 아무도 훌륭한 연주자가 될 수 없다. 그러나 여섯 주 동안 영성 훈련을 배움으로써 이 세상에서 하나님께 보다 가까이 가려는 자신의 갈망을 알게 될 것이다. 만약 "은혜의 날개"를 잡고 위에서 성령의 끌어당기심을 느낀다면, 다른 자료들이 당신의 여정을 더 멀리 인도해 줄 것이며 당신의 여정에 다른 사람들도 함께할 것이다.

이 『여정의 탐구』가 28주 코스인 『소그룹 영성 형성 훈련』과 연계되어지기를 바란다. 『소그룹 영성 형성 훈련』은 영성 형성 훈련에 대한 기본적인 이해를 주는 "소그룹 영성 형성 시리즈" 중 중심이 되는 책이다. 이 책은 여정, 말씀 묵상, 기도, 소명, 영적 지도 등 다섯 분야로 구성되어 있으며 총 28주 동안 진행된다. 또 다른 자료로서 각 시리즈 뒤에 있는 참고 서적들은 많은 도움이 되리라 믿는다.

이제 워킹화를 신고, 고개를 앞으로 향하고, 당신 앞에 놓인 하나님을 향한 모험의 여행을 떠날 준비를 하라. 『여정의 탐구』를 통해 은혜와 기쁨과 평화의 길이시며 우리 모두와 동행하시는 그리스도를 찾게 될 것이다.

사랑하는 자가 된다는 것—그것은 기독교의 모든 것이다. 교회의 사명은 사람을 사랑하는 것뿐이다. 그리고 우리들의 고백은 무엇인가? 그것은 우리가 사랑하는 것을 알지 못하는 것을 고백하는 것이다. 이러한 고백을 하기 전에는, 배울 것이 없다. 우리는 초신자들과 함께 초신자조차 될 수 없으며, 기독교라는 학교에는 초신자 외에는 누구도 없다.[1)]

—Elizabeth O'Corner—

제1주

여정의 시작

우리는 초보자가 되기를 원하지 않는다. 그러나 삶의 어느 장(場)에 있어서도 초보자가 되지 않고서는 그 무엇도 되지 못한다는 것을 명심하라.[1)]

—토머스 머튼, 『마음의 기도』

도입

1. 인생은 "태(胎)에서 무덤까지"의 여정

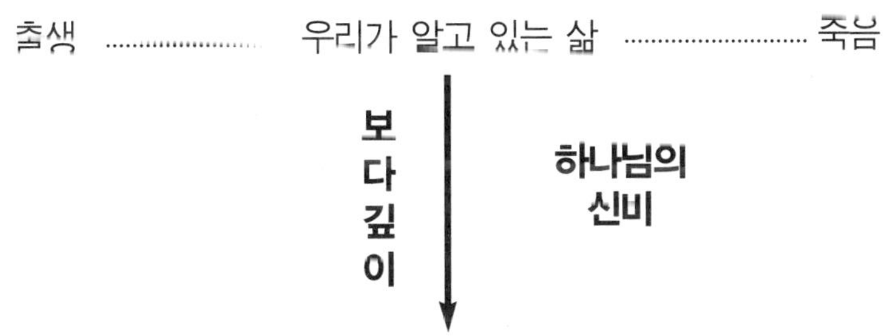

2. 인생은 하나님의 신비로 가득 찬 신성한 여정

· "보다 멀리"—우리가 알고 있는 것을 너머 양 방향으로 확장해 나가는 인생 여정

· "보다 깊이"—사물의 표면 아래에 놓여 있는 의미와 목적으로 확장하는 인생 여정

3. "영성 형성"이란?

· 이 말이 당신에게 어떤 생각이 나게 하는가? 떠오르는 생각을 기록하라.

· 이 정의를 깊이 생각해 보라: "영성 형성이란 세상을 위해 성령의 은혜로운 역사로 말미암아 그리스도의 형상을 이루어 가는 과정이다."[2)]

영성 형성에 대한 성경의 근거

신약성경에서 영적 삶의 목적은 하나님께서 사랑하시는 이 세상을 위해서 예수 그리스도의 모습을

재형성하는 것이라고 한다. 우리 안에서 그리스도의 모습이 이루어지는 과정을 영성 형성이라고 한다.

> 사랑하는 자들아 우리가 지금은 하나님의 자녀라 장래에 어떻게 될 것은 아직 나타나지 아니하였으나 그가 나타내심이 되면 우리가 그와 같을 줄을 아는 것은 그의 계신 그대로 볼 것을 인함이니(요일 3:2).

> 그러므로 하늘에 계신 너희 아버지의 온전하심과 같이 너희도 온전하라(마 5:48).

> 대답하여 가로되 네 마음을 다하며 목숨을 다하며 힘을 다하며 뜻을 다하여 주 너의 하나님을 사랑하고 또한 네 이웃을 네 몸과 같이 사랑하라 하였나이다(눅 10:27).

> 나의 자녀들아 너희 속에 그리스도의 형상이 이루기까지 다시 너희를 위하여 해산하는 수고를 하노니(갈 4:19).

> 우리가 다 수건을 벗은 얼굴로 거울을 보는 것같이 주의 영광을 보매 저와 같은 형상으로 화하여 영광으로 영광에 이르니 곧 주의 영으로 말미암음이니라(고후 3:18).

> 우리가 그를 전파하여 각 사람을 권하고 모든 지혜로 각 사람을 가르침은 각 사람을 그리스도 안에서 완전한 자로 세우려 함이니 이를 위하여 나도 내 속에서 능력으로 역사하시는 이의 역사

를 따라 힘을 다하여 수고하노라(골 1:28-29).

영성 형성 정의

영성 형성이란 세상을 위하여 성령의 은혜로운 역사로 말미암아 그리스도의 형상을 이루어 가는 과정이다.

이 정의는 고대와 현대의 영적 작가들의 주요 사상과 일치한다.

1. 영성 형성은 과정이다:

· 점진적으로 일생 동안 변화가 이루어지는 것이며, 단번에 순간적으로 변화되는 것은 아니다.

· 스스로 행하는 것이나, 즉각적으로 효과가 나타나는 것이나, 세 단계 프로그램이 아니다.

2. 그리스도의 형상을 이루어 가는:

· 그리스도는 우리가 볼 수 있는 하나님의 형상이시다(골 1:15).

· 문화의 영향을 받아서, 또는 그리스도와 그의 영의 영향을 받음으로써 좋든 나쁘든 간에 우리들의 삶은 형성된다. 우리 모두는 세상적인 문화의 모습을 따라 원래의 모습을 상실했다.

3. 성령의 은혜로운 역사로 말미암아:

· 우리 자신을 그리스도와 성령의 은혜로운 역사하심에 개방할 수 있다.

· 영성 훈련은 우리 자신을 성령의 바람에 개방하는 방법을 말한다.

4. 세상을 위하여:

· 우리들의 영성 형성은 자신에게 유익할 뿐 아니라, 하나님께서 우리를 통하여 다스리시는 모든 선한 것들을 위한 것도 된다. 우리는 맛 잃고 어둠으로 가득 찬 세상에서 소금과 빛의 역할을 감당해야 한다.

· "변화된 인격"은 하나님께서 세상을 변화시키기 위해 마련하신 "누룩"이다.

묵상을 위한 독서

삶을 영적 여정이라는 말로 생각하기 시작한 때와 동기에 대해서 이야기를 듣는 것은 매우 도움이 된다. 다음은 삶이 거룩한 여정이라고 생각하도록 돕는 실화이다.

광야에서의 구 원

나의 귀중한 생명이 구조되었으며, 가족의 일원이 된 것은 하나님의 사랑과 많은 사람들의 사랑이었다.

나의 어머니는 내가 네 살 때 돌아가셨으며, 나는 그 후 2년 동안 남 도카타(South Dokata)의 커스터(Custer)라는 작은 마을을 방황하며 돌아다녔다. 할머니가 나를 돌봐 주셨는데, 늙고 약해지셔서 더 이상 나를 기를 수 없게 되었다. 나는 쓰레기통에서 먹을 것을 뒤져 먹었으며, 잠은 주정뱅이 의붓아버지가 데려다 준 살롱의 수영장 의자에서 잤다.

그 후 나는 여러 양육 가정을 전전하였으며, 어떤 때는 나라에서 보조금을 받으면서 나 같은 아이들을 맡아 길러 주는 집에 살았다. 그들은 나를 식탁에 앉지도 못하게 하였으며, 그들이 먹고 남은 것을 주었다. 여섯 살 된 내 몸무게는 겨우 11킬로였고 언제나 영양실조에 걸려 있었다.

하나님은 루비 니콜라스(Ruby Nicholas)와 플로이드 유진(Floyd Eugene)을 나의 마지막 양육자가 되게 하셨다. 이들은 모두 남 도카타 시골의 농장에서 자랐다…제2차 대전 동안 이 두 사람은 군에 입대했다. 플로이드는 해병대였는데 필리핀에서 6개월간 전쟁 포로 생활을 했으며, 루비는 육군으로 런던에서 복무했다.

1951년에 루비와 플로이드와 일 년 동안 지낸 후 나에게 선택의 기회가 주어졌다. 7월의 더운 어느 여름날, 우리 셋은 휠체어 신세를 지고 있는 어느 판사 집에 갔다. 그 판사는 나를 바라보며 말했다. "필리스 피셔야, 이 두 사람이 너의 양부모가 되는 것이 좋지 않겠니?" "예, 그랬으면 좋겠어요." 나는 펄쩍 뛰며 좋아서 대답했다. 그리고 판사님이 앉아 있는 의자 주위를 춤을 추듯이 빙빙 돌았다. "이제부터 너에게 필리스 태일러라는 새 이름을 주노라!"라고 판사는 위엄 있는 말로 선언했다.

그날 나는 새 이름과 새 삶과 새 희망을 얻었다. 나는 죽음에서 생명으로, 집 없는 아이에서 집 있는 아이로, 가족이 없는 아이에서 가족이 있는 아이로 바뀌게 되었다. 나는 아직 너무 어렸지만, 그 순간부터 하나님의 은혜를 이해하게 되었다. 완전한 기쁨이 영양실조의 소년을 살찌웠다.

몇 달 후 태일러의 가족은 나에게 세례를 받게 했다. 세례의 성수가 내 머리 위에서 흘러내릴 때, 나는 비로소 하나님의 아들이라는 것을 깨달았다. 내가 양자가 되고 세례 받는 것은 내 존재 안에 "너는 내 사랑하는 아들이라 내가 너를 기뻐하노라"고 하시는 하나님의 은혜의 살아 있는 증표가 되었다. 그렇다. 하나님은 나의 출생을 기뻐하셨다. 나는 생명을 받았으며, 이제 내가 해야 하는 것은 그 선물을 받는 것이며, 나의 앞에 놓인 날들을 온전한 기독교인으로 사는 것이었다. 그날 이후, 나는 나날을 감사하는 마음으로 살았다.[3]

맛보아 알지어다 | Taste and See

영적 일지 기록하기 훈련

육체적으로 기록하는 행동은 독창성과 자기 인식을 발휘하게 해준다…영적 일지는 갇혀있는 상상력을 발휘하게 한다.[4]

—앤 브로일즈, 『영성 일지 기록하기』

"영적 일지"는 당신의 생각, 느낌, 질문, 시간을 넘어 깨달은 바를 기록하는 수단이다. 영적 일지와 일기(diary)에는 다소의 차이점이 있다. 예를 들면:

- 일기는 하루에 일어난 주요한 사건, 일, 특별한 상황 등을 기록한다.
  오늘 가족들과 함께 집 근처에 있는 공원에 나가서 놀다가, 평소에 아이들이 좋아했던 피자집에서 저녁을 먹었다.
- 영적 일지는 어떤 사건이나 일에 대해서 일어났던 생각, 감정, 소망 등을 기록한다.
  아이들이 무척 좋아했다. 평소에 일에 찌들려 늦게 집에 오거나, 혹시 일찍 온다고 하더라도 만사가 귀찮다고 하면서 낮잠을 자거나 텔레비전만 보았다. 오늘 가족들과 이렇게 늦가을의 단풍과 상쾌한 공기를 마시며 뛰어노는 동안 피곤이 어느새 사라졌다. 아이들을 바라보는 아내의 얼굴에 주름살이 깊은 것이 보였다.
- 영적 일지는 신앙과 관련된 생각과 감정에 초점을 맞춘다. 그것은 자신과 하나님에 대한 솔직한 반응을 나타내며, 흔히 이로 인하여 자발적인 기도를 하게 된다.
  지금 나의 인생의 계절은 어느 때인가! 내 인생의 이 계절이 오면 오늘의 가을 풍경처럼 저렇게 아름다울 수 있을까? 나의 인생의 잔디밭에서 아이들이 즐겁게 웃으며 뛰어놀 수 있을까! "나의 생명을 손 넓이만큼 되게 하신 주님, 헛된 일에 분요하며 기회를 허비한 죄를 용서하소서. 주여, 나의 소망은 주께 있나이다."

영적일지에 우리는 하나님을 향한 인생의 여정이 어디에서 시작했으며, 어느 상태에 도달했는지를 기록한다. 우리는 이렇게 영적 일지를 기록할 수 있다.

- 삶의 경험에 대한 반응—일상 가운데서 하나님의 현존하심과 인도하심을 보다 깨달아 가는 것
- 자연 또는 말씀에 대한 묵상—거기서 얻는 메시지를 깊이 묵상함
- 꿈에 대한 반응—꿈이라는 상징적인 형태로 주어지는 무의식적인 진리를 깊이 깨달음
- 하나님, 다른 사람들, 또는 우리 자신의 다양한 부분들과 대화하는 형식을 취해 기록함—자신과 하나님에 대한 깊은 인식을 구함

영적 일지의 실천

적게 시작하라—몇 단어나 간단한 몇 개의 문장으로 시작하는 것이 좋다. 단어라는 수렁 속에 빠지지 마라!

문법을 좋아하지 마라—영적 일지는 자신만을 위한 것이다. 자신이 원할 때만 다른 사람들과 나눌 수도 있다. 그러므로 철자, 문법 등에 얽매이지 마라. 자신만 읽고 이해하면 될 것 아닌가!

자신의 스타일을 찾아라— 당신은 반드시 작가가 될 필요가 없다. 우선 당신 자신이 되라. 영적 일지 기록하는 데는 정도(正道)가 없다. 그것으로 학점이나 학위를 줄 사람은 없다. 당신이 좋다면 창조적이 되라. 낙서를 하거나 갈겨써도 좋으며, 그림이나 시를 써도 좋다. 단지 성령께서 사용하시는 대로 받아라. 잘못 쓰거나 실수할까 두려워 마라

"너희는 여호와의 선하심을 맛보아 알지어다."(시편 34:8)

여정에 대한 여섯 가지의 영성 훈련

이 영성 훈련은 다음 여섯 주 동안 계속될 것이다.

1. 영적 일지 기록하기—자신의 믿음의 경험과 응답을 글로 기록함
2. 영적 여정을 나눔—자신의 신앙 여정에서 만나는 것들로부터 얻은 깨달음과 도움과 용기에 대해서 다른 사람들과 나눔
3. 말씀 묵상(Lectio Divina)— "말씀으로 기도하기"에 대한 고전적인 "영적 독서"를 훈련
4. 호흡기도—짧은 문장을 가지고 호흡에 맞추어 기도함으로써 "쉬지 않는 기도"를 훈련
5. 거룩한 듣기—다른 사람의 말을 경청하는 훈련
6. 매일 성찰—하나님의 시선으로 자신의 하루 일과를 반성하고 성찰하는 훈련

주간 영적 훈련

이번 주에 다음의 질문에 대해 깊이 생각함으로써 영적 일지(첫 번째 영성 훈련)에 대한 경험이 쌓이게 될 것이며, 다음 주에 자신의 영적 여정에 대해 다른 사람들과 나누는(두 번째 영성 훈련) 준비가 자연스럽게 갖추어질 것이다. "영적 일지 기록하기 지침서"를 참조하라. 그리고 자신의 영적 일지를 준비하라. 하나의 질문만으로 하루 종일 집중하라. 하루에 몇 가지를 한다거나, 한꺼번에 많은 질문을 하지 않도록 하는 것이 중요하다.

1. 지금 자신이 구하고 있는 것이 무엇인가? 자신이 무엇이 되기를 희망하는가? 자신의 내면의 갈망을 발견하도록 하나님께 간구하라.

2. 자신에게 질문하라. "지금 나의 신앙 여정이 어디에 와 있는가?" 지나온 날들을 회상해 보라. 인생의 전환점은 언제, 어디서, 무슨 일이었는가? 그리고 지금 자신이 있는 "지금 여기"를 표현할 수 있는 단어나 문장이나 상징을 생각해 보라.

3. 금주에 일어난 일과 사건에 대한 일정표를 이용하라(15쪽의 그림 참조). 그 중 위에 그려진 수평선 위에 표시되는 것들은 무엇이 있는가? 그리고 아래의 수직선에 표시되는 것은 무엇이 있는가?

4. 어떤 영적 실천 또는 "믿음의 습관"을 행하고 있는가? 언제 기도하고, 성경을 읽고, 다른 사람들과 신앙의 이야기나 의심에 대해서 이야기하며, 영적 일지를 기록하는가? 얼마나 자주 또는 정기적으로 자신의 인생에 대해서 생각하고 있는가? 이러한 실천들이 자신에게 도움이 되었으며, 또는 앞으로 계속 도움이 될 것인가?

5. 삶의 환경과 어떤 관계에서 하나님이 가까이 계시다는 느낌, 보다 신앙이 살아신나는 것을 언제 느낄 수 있는가?

6. 당신의 삶에서 하나님의 사랑을 나타내는 사람이 있다면 그는 누구인가? 당신의 신앙에 가장 영향을 끼치는 사람은 누구이며, 어떤 방법으로 영향을 끼치는가?

보다 깊은 탐구

그리스도 안에서의 여정은 우리가 평생 동안 치러야 할 과정인데, 이 과정을 기독교 전통에서는 성화, 다시 말해서 거룩함으로의 성장이라고 한다. 그러나 이 거룩함이란 공공 시민으로서의 삶을 거부하거나 가족과 일로부터 멀리 떨어져 있어야 가능한 것은 아니다. 오히려 그것은 실제적이며 구체적인 형태의 거룩함이다. 성인들은 오물과 땀으로 젖어 있는 현실 생활 속에서 살았다. 즉 빛과 어둠이 승리를 거두기 위해서 서로 싸우고 있는 이 세상 속에서 살았다.

—Marjorie Thompson, Soul Feast

기독교 영성에 있어서 훈련은 영적 성장과 기독교 공동체의 삶을 돕기 위한 신앙생활의 방법이다. 영성 훈련은 신앙인들의 삶의 방식 또는 믿음과 신앙생활의 실천이다. 이러한 삶의 모습들 중 어떤 것들은 고전적인 영성 훈련이라고 한다. 왜냐하면 그것들은 성경에 근거를 두었으며, 많은 세대를 거치면서 교회의 갱신에 지대한 역할을 하였기 때문이다. 기독교인들은 이 영성 훈련들을 실천해 왔으며, 그것이 체험적인 기독교의 중심 역할을 해 왔고, 그것으로 인하여 영적으로 성숙하는 데 도움이 되었다는 것을 발견하였다.

—The Upper Room Dictionary of Christian Spiritual Formation

일지 쓰기는 우리의 참된 자아와 진리의 하나님 사이에서 이루어지는 것이다. 일지를 쓸 때에 우리는 자신의 참 모습을 알게 되며, 아무 것에도 상관하지 않으시고 우리를 사랑하시는 분이 우리를 영접해 주심을 느낀다.

—Anne Broyles, Journaling: A Spiritual Journey

제2주

체험담을 나눔

이탈(離脫), 즉 자유로운 사람은 축복을 받은 자이므로, 새롭고 신비로운 세상이 그에게 나타나 보인다. 그 세상은 보다 신비롭고 색다르며, 콜럼버스와 마젤란이 발견한 신세계보다 더 두렵다.[1]

—토머스 그린(Thomas H. Green, When the Well Runs Dry)

도입

1. 검토: 인생이란 영성 형성을 목표로 하는 거룩한 여정이다.

"영성 형성이란 세상을 위해 성령의 은혜로운 역사로 말미암아 그리스도의 형상을 이루어 가는 과정이다."

2. 우리들의 성스러운 여정은 일생 동안의 탐험길이다.

방랑과 모험의 차이

개인적인 묵상을 위한 질문들:

· 하나님과의 관계가 긍정적으로 변화되었거나, 또는 나의 신앙생활에서 모험 여행이라는 새로운 인식을 가진 것이 언제부터였는가?

· 이러한 변화에 있어서 나에게 도움이 되었던 영적 실천 또는 은사는 어떤 것이었는가?

3. 하나님은 우리를 보다 친밀한 관계 안으로 들어오라고 부르신다.

이러한 친밀 관계는 우리를 성숙하게 한다. 그러나 우리는 이 부르심에 응답하기를 두려워한다.

하나님에 대한 긍정적 또는 부정적인 생각?

하나님에 대한 나의 이미지가 언제 변화되었으며, 그 이미지가 성숙해졌는가?

4. 세 개의 그림: 하나님과 어떤 관계에 놓여 있는가?

· 도표

하나님은 "우리 위에", "밖에" 계신다; 우리들의 일은 거기로 다가간다.

하나님은 "우리 안에", 우리들의 마음/혼 안에 계신다.

하나님의 존재 안에 사는 우리들은 하나님으로부터 떨어질 수 없다.

· 영성 형성에 있어서 위의 모든 그림과 연관된다.

5. 영성 훈련의 역할

· "영성 훈련"에 대한 나의 이해

· 영성 훈련에 대한 신학적 관점

· 빌립보서 2:12-13—성령과의 연합을 항상 이루라

6. 영성 훈련에 대한 은유(隱喩)

· 바람과 돛

· 시렁(trellis)

· 자리 마련

묵상을 위한 독서

LISTENING FOR THE VOICE

영적 탐험가가 된다는 것은 하나님의 음성을 듣는 것을 배운다는 뜻이다. 이 경청은 상당한 수준의 모험과 위험이 따른다. 하나님의 음성 듣기를 두려워했던 어떤 여인의 이야기이다.

> 나는 한밤중에 인디애나폴리스행 비행기에서 만났던 어떤 여인이 생각난다. 그녀는 기업체의 고문 역할을 했으며, 회장의 발표문을 작성해 주었던 명석한 박사였다. 그녀는 특별하고 능력 있는 은사를 가졌다. 그녀는 35년 동안 많은 사람들이 한 것보다 더 많은 일을 이루었다. 그녀와의 대화에서 그녀는 자기 자신과 만나는 것을 매우 두려워하고 있다고 했다. 그녀는 "자, 너는 많은 것을 받았나. 그러니 이제 네가 그것에 대한 값을 치를 때야"라는 음성을 듣는 것이 무섭다고 했다.
> 나는 그녀가 그 음성을 왜 회피하려는지 물었다. "왜 그 음성을 들으려 하지 않아요?"
> 많은 대화를 나누는 동안, 그녀는 세 가지의 이유를 말했다: "나는 광신자가 될 것이 두려우며 … 그들과 같은 사람이 되는 것을 원치 않습니다. 또한 나는 하나님의 음성을 듣고 그 음성에 순종한다면 나 자신이 산산조각 날 것 같아 두렵습니다… 그러나 사실 나는 내 삶을 나 자신이 주도하기를 원하기 때문에 하나님의 음성을 듣는 것이 두렵습니다. 내 인생에 대한 나의 계획이 있으며, 하나님이든 누구든 내 인생에 대한 나의 계획에 방해가 되는 것을 원치 않습니다."[2)]

묵상을 위한 질문

· 무엇으로 인해 하나님의 음성을 듣는 것이 두려운가?

· 내가 하나님의 인도하시는 음성을 듣는다면, 염려스러운 것이 무엇인가?

오늘의 모험

『이야기 듣기』(*Listening for the Voice*)의 저자 벤 켐벨 존슨은 이 책에서 하나님으로부터 관계를 초청받은 자신의 경험을 기록했다. 이 발견은 영성적인 기도 훈련으로부터 온 것이라고 했다.

> 어느 날 한 친구가 기도를 통해서 온 자신의 삶의 변화에 대해서 벤 켐벨에게 이야기하기 시작했다. 벤은 하나님과의 친밀한 관계에 대한 생각이 분명하지 못했지만, 그 친구의 이야기를 통해 감명을 받았다: 매주 모임에서 사람들과 함께 하나님에 대하여 이야기를 주고받음으로써, 그 모임에 참석한 모든 사람들은 기도에 대한 확고한 응답의 체험을 얻게 되었다. 이혼을 앞둔 어떤 부부는 그들의 관계가 치유되어 가는 깊은 체험을 했다. 또 어떤 이는 육체적인 병이 낫고 있었다. 벤의 친구는 더 많이 알고자 하는 벤의 갈망에 대해서 친절하고 재미있고 확신을 주는 말을 했다.
>
> 몇 주가 지난 후, 벤의 친구는 작은 책을 손에 들고 왔다. 그 책은 제2차 세계 대전 동안 영국의 유명한 설교자이며 믿음의 글을 쓰는 인기 작가인 상스터(W. E. Sangster)가 쓴 책이었다. 그 책은 다름 아니라 아침에는 15분, 저녁에는 10분간 기도를 인도하는 책이었다. 아직은 믿음에 대해 회의적인 벤이었지만, 그의 삶에 어떤 변화를 줄 것인지 한 주간만 그 책이 인도하는 대로 해 보기로 했다. 그는 한 주 동안 성실히 책에서 인도하는 대로 기도했으며, 한 주간을 마치는 시점에서 그가 이전에 했던 것과 어떤 차이가 있음을 감지하기 시작했다. 그는 전과 같이 반항이나 회의를 느끼지 못했으며, 기도를 계속하고 싶다는 생각이 들었다. 두 주가 지나면서, 내면에서 어떤 것이 솟아오르는 것을 느꼈다. 기도하는 동안만이 아니라 온종일 내면에 하나님이 현존하신다는 느낌이 들었다. 그래서 그는 산만했던 일상의 일이 한 곳으로 집중되고 있음을 느꼈으며, 보다 자주 "일치"(coincidence)가 일어나기 시작했다.[3]

맛보아 알지어다 | Taste and See

나눔의 시간을 위한 지침: 영적 여정

우리들의 신앙생활이나 영적 여정을 나눌 때, 다음의 지침을 준수한다면 자유롭게 듣고 말하는 분위기를 만들 수 있을 것이다. 다른 사람의 이야기에 찬성이나 부정 또는 거부감이나 실망감마저 느낄 수도 있지만, 이 시간을 통해 돌봄과 관심을 받게 될 것이다.

- 자신의 이야기를 하라. 다른 사람의 것을 당신의 경험, 해석, 가치관이나 선택이라고 여기지 않도록 하라.
- 당신의 이야기를 어떤 대가도 바라지 않는 선물이라고 생각하고 주라. 그 이야기에 대해 긍정적이든 부정적이든, 어떤 반응이 나오더라도 당황하지 마라.
- 자신과 다른 사람의 여정, 각자에게 달리 역사하시는 하나님을 인정하라.
- 자신의 이야기를 다른 사람들의 마음에 닿는 언어로써 말하라. 신학적으로 가르치거나, 자신의 말로써 다른 사람들에게 일반적인 교훈을 하려고 해서는 안 된다.
- 당신의 이야기를 나눌 때 솔직한 영을 달라고 기도하라. 사회적인 가면을 벗어던지고 돌봄을 받는 한 신자로서 설 때, 진정한 참 인간이 되는 것을 배울 수 있다.
- 자신을 개방할 때 지혜롭게 적절한 선을 유지하라. 타인이 알 필요 없는 것까지 너무 세세한 것을 말한다면, 다른 사람들이 지루해 할 것이다. 이 모임은 치유시간이 아니다.

금주의 영성 훈련

이번 주에는 소그룹에서 자신의 영적 여정에 대해 조금 이야기함으로써 신앙 여정 나누기에 대한 맛을 보겠다. 따라서 자신이 속해 있는 소그룹의 멤버 수를 다소 늘리거나, 사람들을 상호 교체함으로써 신앙 여정을 말하고 듣는 대상을 달리해 보겠다.

1. 자신의 신앙 여정 이야기를 소그룹 외의 사람들(교회 제직, 가족, 친구, 직장 동료)과 나누어 보라. 그러기 위해 처음에는 다른 이야기로 유도할 수 있다. 예를 들면 "어제 연속극(영화, 비디오, 신문 기사 등)을 보았는데, 그 이야기는 하나님을 아는 데(또는 나의 영적 생활에) 많은 도움이 되었습니다. 당신은 그것에 대해 어떻게 이해했는지요?" 또는 "나의 신앙생활에 대해서 어떻게 생각하는지 이야기해 줄 수 있습니까?"라고 질문함으로써 이야기의 물꼬를 틀 수 있다.

2. 어떤 사람의 영적 여정에 있어서 의미 있는 사건을 질문한다: 예를 들면 하나님의 현존을 느낀 때, 하나님에 대해 의심이 들었을 때, 또는 신앙생활에 있어서 전환기 등. 아마 당신은 "어떻게 하여 믿음의 생활이 성장하게 되었습니까?" 또는 "당신의 신앙을 깊이 있게 만든 것은 무엇이었습니까?"라는 질문을 함으로써 대화를 촉진시킬 수 있을 것이다.

3. 이러한 대화를 나눔으로써 깨달은 바를 영적 일지에 기록하라. 이 훈련이 어려웠는가, 아니면 보람이 있었는가? 또는 어려웠지만 보람이 있었는가? 자신의 이야기를 하는 것과 다른 사람의 이야기를 듣는 것 중 어느 것이 더 쉬웠는가? 다른 사람과 신앙 여정을 나누는 동안 하나님의 임재하심을 느꼈는가?

4. 자신의 하나님에 대한 이미지를 깊이 생각해 보라. 다음의 성경 구절 중 한두 말씀을 가지고 잠시 묵상하는 시간을 가지라. 그리고 말씀을 받아들이거나 저항하지 말고 단순히 그 말씀 안에 잠기라. 하나님의 사랑이 내면에 충만하도록 하라. 마음에 일어난 것을 영적 일지에 기록하라.

호세아 11:1-4　　요한복음 3:16　　로마서 8:31-39
누가복음 15:4-7　　누가복음 15:8-10　　누가복음 15:11-32

보다 깊은 탐구

이탈(離脫), 즉 자유로운 사람은 축복을 받은 자이므로 새롭고 신비로운 세상이 그에게 나타나 보인다. 그 세상은 보다 신비롭고 색다르며, 콜럼버스와 마젤란이 발견한 신세계보다 더 두렵다. "집에 머무는" 자는 소문으로나 그것을 알 수 있으며, 듣는 것 정도만 겨우 믿을 수 있다. 지도상에 없는 바다를 항해하는 은혜롭고 관대한 소수의 사람들—그들만이 탐험가들의 이야기가 사실인지 알게 될 것이다.

—Thomas H. Green, When the Well Runs Dry

기독교인의 삶에서 훈련이란 사치스러운 것이 아니다. 훈련 없이는 여정 중 당황하고 길을 잃고 삶의 원칙을 상실하게 되며, 우리가 의도했던 바의 존재가 되지 않는다는 것을 알게 된다. … 하나님의 값없이 주시는 은혜에 우리 자신을 개방하는 이러한 영적 훈련이라는 방편들 … 그것들은 우리 기독교인의 여정을 분명한 모습으로 형성해 준다.

— Howard Rice, Reformed Spirituality

내가 쓰고 있는 것은 나의 이야기—의심하고 쓸모없이 많은 시간을 지냈던 어린 시절의 신앙에서 예수를 발견하고 성숙한 믿음을 가지기까지의 나의 이야기이다. 나의 여정이 어떻게 당신의 것이 될 수 있겠는가마는, 나는 내가 아는 한 정직하려고 노력했다. 우리 각 사람은 하나님을 발견해야 한다. 보다 정확하게 말하자면 각 사람은 자신을 우주의 창조자 앞에 두어야 하며, 자신이 정말 하나님으로부터 사랑을 받으며 이름을 불릴 것을 알아야 한다. 우리의 하나님은 사랑이라는 이름을 가진 우주의 하나님이실 뿐 아니라 가장 개인적인 하나님이시다.

—Mary Virginia Parrish, No Stopping Place

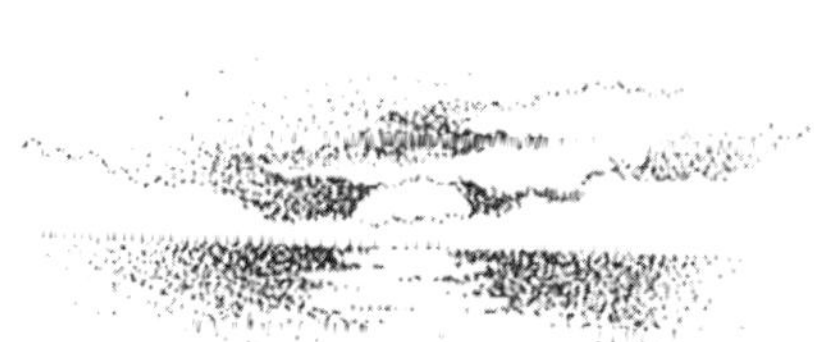

제3주

여정을 위한 빵

성경은 넓고 깊은 강. 그 강은 양떼들이 안전하게 건널 만큼 얕지만, 한편 코끼리들도 수영을 즐길 만큼 깊다.[1)]

—Gregory the Great(540-604), Moralia im Job, Book I

도입

1. 리뷰: 지난주에 우리는 영적여정이라는 오랜 탐험을 하는 동안 영성 훈련의 역할에 대해서 탐구했다.

우리는 자신의 영적 여정을 자신의 삶 안에서 하나님의 현존과 인도하심에 주의를 기울이는 한 방법으로서 다른 사람들과 나누었다. 오늘은 우리들을 위한 하나님의 말씀을 듣도록 도움을 주는 성경 읽는 방법에 대해 말할 것이다.

2. 대 그레고리의 성경에 대한 생각—얕고 깊은 강

대 그레고리(Gregory the Great; 540-604 CE)는 은유적인 표현으로 성경을 어린 양들이 건널 정도로 얕으며, 한편으로 코끼리들이 헤엄을 칠 수 있을 정도로 깊다고 했다(아래 공간에 이러한 상상을 그림으로 그려 보라).

얕은 강에서 수영 / 정보 취득 목적으로 말씀에 어프로치

깊은 데로 나아감 / 영성 형성적으로 말씀에 어프로치

3. 하나님 말씀 묵상: 렉시오 디비나(Lectio Divina)

읽기(Reading)

묵상(Reflecting)

응답(Responding)

쉼(Resting)

묵상을 위한 독서

이번 주는 믿음의 여정 안에서 성경의 위치에 대해 탐구한다. 하나님의 말씀이라는 책과의 관계를 생각하고, 우리가 짧게 경험했던 "성경으로 묵상하는 방법"을 보다 깊이 훈련하는 기회를 가지고자 한다.

어떤 사람은 성경에 대해 보다 덜 긍정적인 생각을 갖고 있다. 아흔 살이 된 장모는 엄격한 칼빈주의 신앙을 가진 가정에서 자랐다. 장모의 기억으로 네다섯 살 때에, 교회를 마치고 매 주일 할머니 댁으로 갔다. 거기서 장모와 언니들을 할머니 무릎 앞에 놓인 스툴에 앉게 했다. 빳빳하고 높은 칼라의 검은 드레스를 입은 할머니는 거의 대부분의 시간을 어린아이들에게 성경을 읽어 주었다. 나의 장모는 철없던 나이에 벌써 성경을 거부하는 강한 감정이 발달되었다. 장모는 그 후 고전적인 말씀을 듣는 것이 더할 나위 없이 괴로웠다.

감사하게도, 대다수의 우리들은 성경에 대한 보다 감동적인 인상을 가지고 자랐다. 그렇다고 하지만 많은 크리스천들은 성경을 "친숙한 것이지만, 실제적으로 하나님과 인격적인 관계를 갖는 근원이 되지 못하는" 것으로 생각한다. 『여정의 탐구』는 우리들의 삶에서 성경의 위치에 대한, 즉 성경으로부터 흥미로운 정보를 얻는 것만이 아니라, 하나님과 지속적인 관계를 갖는 실제적인 매체라는 인식을 갖도록 도와준다.

다음은 하나님의 말씀과 관계를 갖는 방법에 대해 설명하고 있다.

문에 붙여 놓은 메모

나는 "말씀으로 기도하기"를 개인적인 언어라고 생각한다. 나는 이 말을 마치 내가 직장에서 집으로 돌아왔을 때 아내가 문에 붙여 놓은 메모지와 같다고 생각한다. 현관문을 열고 들어가면 메모지가 눈에 들어오고 "여보, 내가 돌아올 때까지 어디 가지 말고 있어요. 당신의 아내"라는 글을 읽게 된다.

나는 문을 열고 의자에 앉아서 이 글을 몇 번 읽는다 나는 이 글이 내 아내, 나에게 매우 중요한 사람의 글이기 때문에 신중하게 읽는다. 그러나 그 글의 숨겨진 의미를 알면서 더욱 놀

라게 된다. 아마 메모의 의미는 "당신과 특별한 시간을 보내고자 하니 내가 올 때까지 다른 데 가지 말고 기다려요" 또는 "여보, 당신이 아프니 외출하지 마세요"라는 의미가 되지 않겠는가? 나는 메모에 특별한 의미가 있다는 것을 알지만, 정확한 아내의 심정은 직접 물어보지 않고는 알지 못한다.

내가 앉아서 생각하는데 갑자기 문이 열리고 아내가 들어온다. 나는 더 이상 "메모의 의미"에 대해서 생각할 필요가 없다. 나는 아내에게 "내게 말하고자 하는 것이 무엇이오?"라고 묻는다. 그러자 아내는 "우리 이야기 좀 해요. 우리의 관계에 대해서 이야기할 시간이 필요해요"라고 말했다.

변명을 했지만 아내는 계속 우리의 관계에 대해서 이야기해야 한다고 주장했다. 결국 우리는 이야기를 시작했으며, 서로 하고 싶은 이야기를 모두 다 했다. 그런 다음 우리는 서로의 현존 안에서 말없이 쉴 수 있었다. 결국, 우리가 했던 이야기를 바탕으로 우리의 관계가 희망적으로 개선되었다.

"말씀으로 기도하기"란 이 이야기와 같다. 말씀으로 기도할 때 그 말씀이 나에게 중요하므로 신중히 읽고 또 읽는다. 두 번째로, 나의 삶에 대하여 그 가능성을 놓고 그 말씀의 의미를 깊이 생각한다. 나는 성경의 말씀이 하나님으로부터 온 편지, 즉 마치 내 아내가 나에게 특별한 의미를 담아서 글을 남긴 메모처럼 내 인생에 있어서 특별한 의미가 담겨 있다고 믿는다. 그런 다음 그 말씀을 가지고 하나님과 대화를 하며, 내가 받아야할 은혜 또는 그 의미를 하나님께 질문한다.

그 말씀이 나에게 말씀하고자 하는 것에 대한 묵상을 한 다음, 나는 하나님의 주권을 알게 하는 말씀 안에 쉰다. 마지막으로, "말씀으로 드리는 기도"는 나로 하여금 행동으로 옮기게 한다. 그것은 하나님과 나의 관계성에 대한 중요성을 일깨워 주며, 세상에서 하나님의 어린 자녀로서 관계를 맺고 살아가도록 힘을 준다.[2)]

이 이야기가 주는 한 가지 요점은 성경 묵상 또는 "말씀으로 기도하기"란 우리들과 매우 친한 사람으로부터 개인적인 메시지를 듣는 것과 같다는 것이다. 20세기의 위대한 신학자 디트리히 본회퍼(Dietrich Bonhoeffer)는 『세상에 대해 묵상함』(*Meditating on the World*)에서 이와 동일한 점을 언급했다.

> 친한 친구가 우리에게 말할 때 그것을 분석하려고 하는가? 그렇지 않다. 그대로 듣고, 그러면 며칠 동안 그것이 내면에서 공명을 일으킨다. 사랑하는 사람의 말이 마치 마리아가 그러했듯이 우리들의 마음 안에서 깊이 생각하게 한다. 이와 같이 성경 말씀을 우리 주변으로 가져온다. 우리를 사랑하시고 우리의 질문에 어떤 대답도 하지 않고 그냥 떠나지 않으시는 하나님, 그런 하나님께서 우리에게 말씀하시는 수단으로서의 성경 말씀을 읽을 때 우리는 참으로 행복할 것이다.[3)]

물론 우리가 하나님의 말씀을 묵상할 때—실제로 어떤 기도를 하기 위한 시간을 마련할 때—그것과는 상관없는 생각으로 분심이 되어있는 자신을 발견하게 된다. 우리의 마음은 앵앵거리는 모깃소리나 괴상한 소리를 시르며 바나나 나무 사이를 뛰어다니는 원숭이와 같다. 어떻게 마음을 바로잡아서 하나님께 온진히 집중하는 시간을 가질 수 있을까? 이것에 대해 이러한 조언이 있다.

> 영적 독서에서 만나는 특수한 장애물 중 하나는 집중의 부족이다. 우리는 잠잠히 말씀을 받아들이려 한다. 그러나 본문을 읽고 또 읽다가, 갑자기 어젯밤에 텔레비전에서 본 드라마나 내일 있을 회의에 대해 생각하고 있는 자신을 발견한다. 삶이 개입하는 것이다. 자리에 앉아서 눈으로는 성경책에 기록된 단어들을 읽고는 있지만, 자신의 존재는 어딘가 다른 곳에 가 있다.
>
> 만일 이러한 경험에 저항하면 우리의 분심은 더욱 강해질 것이다. 그보다는 평온하고 꾸준히, 그리고 끈질기게 본문에 주의를 기울이라. 본문 앞에서 다시 고요히 자신을 개방하며, 읽고 있는 구절에 주의를 기울이라. 만일 다시 주의가 산만해지면, 다시 본문으로 돌아와 읽기 시작하라. 정신이 이리저리 배회하거나 분심이 될 때마다 본문으로 돌아와 하나님 앞에 자신을 개방하고, 말씀 앞에 잠잠히 서라. 끈질기게 이렇게 행한다면, 말씀 앞에서 자신을 감재우며 하나님과 함께 거하는 능력을 개발하게 될 것이다.[4)]

짐의 이야기

리차드 포스터의 『기도』(*Prayer: Finding the Heart's True Home*)에서 짐이라는 똑똑한 학생에 대한

이야기가 나온다. 대학원생인 짐은 영성 생활에 활력을 얻기 위해서 개인 피정을 하기로 했다. 영적 지도자인 수도사는 그에게 간단히 누가복음에 나오는 수태고지에 대해서 묵상하라고 했다.

첫째 날, 짐은 보다 더 깊이 이해하고자 본문을 분석하면서 몇 가지 깨달음을 얻게 되었다. 그의 영적 지도자는 그 사실에 대해서 별 반응이 없었다. 그 수도사는 같은 본문을 가지고, 이제는 머리로 말고 마음으로 읽고 묵상하라고 했다. 짐은 다음 날 종일 노력하였지만 소득 없이 하루를 지냈다. 그래서 영적 지도자에게 마음으로 읽고 묵상하라는 지시대로 할 수 없었다고 말했다. 그러나 영적 지도자는 "너무 어렵게 하려는군…하나님을 조종하려고 하지 마시오. 단지 잠자듯이 …그대로 받으시오. 스스로 잠들게 하지는 못하지만, 잠이 오게 하는 환경을 조성할 수는 있을 것이오."

더욱 노력한 후, 짐은 절망하며 포기하고 말았다. 그는 하나님과의 어떤 관계도 얻지 못한 채 울기 시작했다. 얼마간 시간이 흐른 후, 성경에 너무나도 잘 알고 있는 이야기였지만 이제는 그것이 다르게 보인다는 사실을 깨달았다. 그러면서 마리아가 한 말 "주의 계집종이오니 말씀대로 내게 이루어지이다"(눅 1:38)라는 말이 자신의 말이 되기 시작했다. 그 순간 자신의 삶과 마리아의 삶, 자신의 두려움과 마리아의 두려움으로 하나님과 내면의 대화가 이루어지기 시작했다. 많은 감정들이 표출되었다. "네가 하나님께 은혜를 얻었느니라"(1:30)는 천사가 마리아에게 한 말이 이제 자신에게 하는 것이었다. 그의 마음은 주님의 은혜와 사랑을 향해 넓게 개방되었다.

"조종"을 상실함으로써 그가 잃었다고 했던 하나님을 재발견하게 되었으며, 상실했다고 생각했던 자아를 되찾게 되었다.[5]

맛보아 알지어다 | Taste and See

개인적으로 드리는 렉시오 디비나

준비: 읽을 본문을 정한다. 대부분 사람들은 연간 말씀 묵상 순서에 따라 선택한다. 몇 분 동안 침묵과 호흡법을 사용하여 마음과 정신을 가다듬는다.

읽기(LECTIO): 거룩한 말씀을 들음이다.

말씀을 통하여 하나님께서 자신에게 주시려는 음성을 듣는 과정이다. 뜻을 생각하며 천천히 읽는다.

- 첫 번째 읽기: 천천히 정한 본문을 처음부터 끝까지 읽는다. 혹시 마음에 와 닿는 단어나 구절이 있으면 잠시 멈춘다. 1-2분 동안 침묵한다.
- 두 번째 읽기: 다시 읽는다. 천천히 읽는 동안 마음에 와 닿는 단어나 구절, 이미지가 떠오르면 멈춘다. 이 순간은 단어나 구절이나 이미지를 정신에 노트하는 시간이다. 다시 잠시 침묵한다.
- 세 번째 읽기: 마음에 닿았던 단어나 구절을 다시 읽는다. 개인적으로 하나님께서 자신에게 말씀하시고자 하는 단어나 구절을 발견했을 것이다. 이러한 과정은 다음 단계인 묵상으로 넘어가게 된다.

묵상(MEDITATIO): 인격적인 말씀을 묵상함이다.

- 이 과정에서 읽기(lectio) 과정 동안 마음에 와 닿은 단어나 구절을 깊이 숙고(pondering)한다. 숙고란 단어나 구절을 마음으로 반복함으로써 기억하는 것과 같다. 단어나 구절을 당신의 생각, 소망, 기억, 상상, 갈망, 그리고 두려움과의 상관관계를 통하여 의식 안으로 들어오게 한다. 이 순간 하나님은 당신의 특별한 상황에 대해 개인적이며 인격적인 언어로 말씀하신다. 이러

한 하나님과의 교제가 충만해질 때, 자연적으로 구송기도가 이루어진다.

기도(ORATIO): 하나님과의 대화이다.

· 묵상하는 마음으로부터 자동적으로 나오는 구송기도는 사랑과 찬양과 감사를 표현한다. 그렇지만 이 기도는 하나님과의 친밀한 대화, 즉 마음에 느껴진 표현과 깊은 묵상 가운데 나타난 성령의 역사에 대한 응답이다.

쉼(CONTEMPLATIO): 천상적인 쉼이다.

· 점차 구송기도가 단순하게 되면서, 나중에는 기도 말로써 자신의 감정을 못다 표현한다는 생각이 들게 된다. 그러면서 마음과 정신은 고요하고 침묵에 이르게 된다. 이제 하나님의 현존 안에서 쉬며 즐거움을 느끼기 시작한다. 당신은 "행위"(doing)를 멈추고 존재(being)하는 기쁨을 누리는 것을 배우게 된다.[6]

금주의 영성 훈련

이번 주의 영성 훈련은 말씀으로 기도하는 고전적인 방법인 「거룩한 독서」(lectio divina)이다. 이 독서 방법을 자신의 것으로 만들 수 있는 축복된 주간이다. 그러므로 가능한 한 많은 시간을 할애하도록 하자. 추가로 말씀으로써 "상상 묵상하는 법"에 대한 지침을 다음과 같이 마련했다.

첫째, 격리된 조용한 장소를 찾아간다. 분심거리나 방해가 되는 것을 차단한다. 즉 텔레비전이나 라디오를 끄고, 전화선을 뽑거나 자동응답으로 전환시킨다. 가족이나 동료들에게 20분에서 30분 동안 방해하지 말아 달라고 부탁해 놓는다. 잠시 은혜로운 독거와 침묵으로 들어간다. 내면적으로 하나님의 말씀을 들을 준비를 한다.

1. 마가복음 14:3-9을 읽는다. 이 구절은 예수님 머리에 기름을 부은 여인에 관한 이야기이다. 지금 당신이 그 방에 예수님과 여러 사람들과 그 여인과 함께 있다고 상상하라. 거기서 무엇을 보고, 듣고, 냄새 맡고, 피부로 느끼며, 어떤 느낌을 갖는가? 그곳에 있던 많은 사람들의 입장이 되어서, 각자의 입장에서 다른 의견이 있는 것을 정리해 본다. 그리고 그것을 영성 일지에 기록한다.

2. 시편 23편, 또는 시편 139:1-18을 가지고 앞에서 언급한 렉시오 디비나를 실행해 보라. 시편 139편을 실행할 경우 여섯 단어 이내에 초점을 맞춘다. 네 번째 관상, 즉 하나님 현존 안에서 단순히 쉬는 데 시간을 많이 할애한다. 영성 일지에 말씀 안으로 들어가는 어떤 경험을 하게 되었는지 몇 단어로 기록한다. 묵상의 단계에서 특별히 깨달은 바가 있으면 정리하여 일지에 기록한다.

   다음의 4R을 기억한다.

   · Reading(읽기)
   · Reflecting(묵상)
   · Responding(응답)
   · Resting(쉼)

3. 로마서 8:26-27, 또는 8:37-39을 가지고 렉시오 디비나를 실행한다. 다시, 세 번째 관상의 단계에 많은 시간을 할애한다. 과정에서 느낀 점을 영적 일지에 기록한다.

보다 깊은 묵상을 위한 금언

당신에게 비록 익숙하지 않더라도, 당신이 읽기 쉽게 되어 있지 않더라도 성경을 읽으라…생전 처음 대하는 것처럼 성경을 대하라…당신 자신과 성경 간에 어떤 일이 일어나게 하라. 당신은 성경이 말하고 보여주는 것이 당신을 감격하게 하고, 당신을 형상 짓게 할지 알지 못한다…그러나 당신 자신을 말씀을 향해 개방해 놓으라…당신 앞에 놓인 성경책 안에 적힌 말씀을 소리 내어 읽고, 당신이 말씀을 읽는 소리를 듣고, 그 음성이 당신의 마음에 닿도록 하라.

—Marin Buber, Lecture 1929

성경말씀 묵상에 대한 가장 단순하고 기초적인 방법은 상상으로 묵상하는 방법이다. … 우리는 성경의 이야기를 보고, 듣고, 손으로 만져보기를 원한다. 이러한 간단한 방법으로 우리는 성경의 이야기 안으로 들어가고, 그것은 우리 자신의 것이 되어지기 시작한다. 우리는 분리된 관망자에서 능동적인 참여자로 변화된다.

— Richard Foster, Prayer: Finding the Heart's True Home

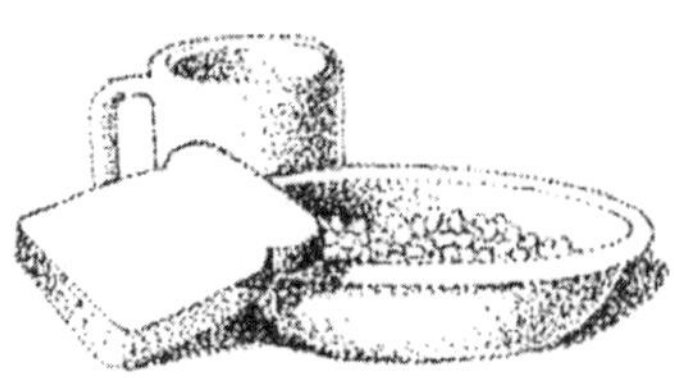

제4주

여정을 위한 음료

기도에서 우리의 참된 역할은 이미 우리 마음 깊은 곳에서 이루어지고 있는 대화에 자신을 맞추는 것이다. 그때 우리의 의식적인 의지가 우리의 중심에서 나타나고 있는 하나님의 원하시는 바와 조화를 이루게 될 것이다.[1]

—Marjorie Thompson, Soul Feast

도입

1. 리뷰:

지난주에는 일상적인 성경공부의 한계를 넘어서게 하는 하나의 영성 훈련으로서 "말씀 묵상"에 대해 탐구해 보았다. 묵상은 말씀을 깊이 숙고하는 방법이다. 성경에서 하나님의 음성을 들음으로써, 우리는 자신의 삶과 마음 안에서 하나님의 음성에 더욱 친숙하게 된다.

2. 영적 여정에 있어서, 묵상과 깊은 관계가 있는 또 다른 선물은 바로 기도이다.

3. 기도에 대한 우리들의 특별한 경험

기도는 우리들의 신앙생활의 모습이다.

우리가 흔히 생각하는 기도란 질문에 대한 답을 얻지 못한 채 기도를 마치는 것이다.

4. 기도에 대한 큰 그림

기도란 우리가 원하는 바의 것보다 더 큰 것을 구하는 것이다.

기도는 우리들의 세상 안에, 우리들의 삶의 일터에서 은혜로우신 하나님의 현존하심에 자신을개방하는 것이다.

묵상을 위한 독서

기도에 대한 몇 가지 생각

기도는 의무가 아니라 생생한 관계이다. 만일 기도를 단순한 훈련으로 생각한다면, 우리의 가장 좋은 친구이신 그리스도와 함께하는 여정, 우리의 가장 지혜로우신 조언자의 인도하심, 우리를 사랑하시는 창조주와의 교제를 생생히 의식하지 못하게 된다.

플로라 슬로슨은 기도에 대한 견해와 실천에 대해 우리가 가르침을 받아 온 틀에 박힌 방식을 초월하라고 말한다.

기도의 문

> 영원한 치유자요 영원히 사랑하시는 분이신 하나님은 우리의 피곤함, 스트레스, 고통 등을 어루만지신다. 이 사랑에 대한 가장 직접적인 반응, 우리가 열 수 있는 가장 넓은 문은 기도라는 관계를 통과하는 것이다. 기도는 훈련이 아니라 관계이다.
>
> 기도와 관련된 대부분의 문제는 영적 성장을 일련의 법이나 노력을 요하는 훈련으로 변화시키려는 경향에서 생겨난다. 우리는 기도를 일종의 훈련으로 취급하면 결국 큰 내적 갈등, 피로, 죄의식이 생겨나는 것을 보아 왔다…
>
> 매일 신중하게 하나님께 마음을 여는 형식을 갖추는 것이 좋겠지만, 그 형식과 표현이 변화되어도 마음을 쓸 필요가 없다. 형식과 표현은 변화되기 마련이다. 하나님의 사랑은 성장하는 개인적인 관계로서, 그 안에서 우리는 무한히 사랑받고 사랑하라는 도전을 받는다. 이 변화시키는 교제는 도전하는 동안에는 물론이요, 도전하기 전에도 항상 우리를 양육해 준다.[2)]

이 변화시키는 교제를 어떻게 계발해야 하는가? 그것은 친구나 배우자나 동료와의 관계를 발전시키는 것과는 다르다. 우리는 인간관계에 있어서는 서로 듣고 보고 만질 수 있다. 우리는 다른 사람의 얼굴 표정이나 몸짓, 억양, 어조 등을 해석하는 방법을 배운다. 눈에 보이지 않고 신비한 하나님과의 관계를 발전시키려면 무엇을 믿어야 하는가? 인격적이시지만 단순히 우리와 같은 인간이 아니신 분과 교제하는 기술을 배우려면 어떻게 해야 하는가?

우리는 침묵, 정신과 마음의 소란을 잠재우는 고요한 외적 상태에서부터 시작해야 한다. 우리는 침묵 속에서 영의 새로운 언어, 우리 영혼이 이미 알고 있지만 망각하고 있었던 언어를 배우기 시작한다. 어느 작가는 자신의 침묵 경험을 다음과 같이 묘사한다:

침묵의 은사

> 침묵의 은사는 우리로 하여금 우리가 진실로 살아 있는 내면의 장소와 접촉하게 해준다. 문화적 메시지들은 더 많이 모아 축적하는 것이 성공이라고 가르치지만 침묵은 비우면 채워진다고, 버리는 것이 곧 소유하는 것이라고 가르친다. 홀로 고요히 앉아서 모든 갈등과 염려와 강한 충동 및 모든 일을 우리의 방식으로 하겠다는 고집 등을 버리면, 우리가 간절히 원하는 분으로 충만하게 된다. 침묵은 우리를 깨워 생명이요 사랑이신 분에게로 인도해 준다. 이것이 기도이다.[3]

"침묵은 좋은 것이다. 그러나 나의 삶은 너무 바빠서 날마다 이와 같은 것으로 보낼 시간이 없다. 침묵하면서 20분이나 한 시간을 보내면 좋을 것이라고 생각하지만, 나는 현실적인 사람이다. 어쨌든 나는 수도사가 아니니까"라고 생각할 수도 있다.

갈수록 바빠지는 생활 속에서 기도 시간을 발견해야 한다는 엄청난 도전이 임한다. 주어진 시간을 사용하는 방법과 관련하여 몇 가지를 선택할 수 있다는 것, 그리고 우리는 자신이 가장 소중하게 여기는 것에 기초를 두고서 우선순위를 결정한다는 것을 기억하면 도움이 될 것이다. 만일 우리가 (의식하든지 의식하지 못하든지 간에 세상에서 가장 중요한 관계인) 하나님과 우리의 관계를 소중히 여긴다면, 우리는 자신에게 중요한 사람들과 함께 있는 시간을 만들듯이 하나님과 함께 있는 시간을 만들 것이다.

그러나 시간의 문제에는 또 다른 양상이 있다. 종종 시간은 우리가 선택하고 싶지 않은 방식으로 우리에게 주어진다: 우리가 물건 값을 계산하려고 줄을 섰을 때에 우리 앞에 열 명이 서 있을 수도 있다: 우리가 병들어 며칠 동안 꼼짝 못하고 누워 있어야 할 수도 있다. 문제는 그러한 시간을 어떻게 해야 하는가이다. 다음의 이야기에서 한 가지 대답을 발견할 수 있다.

열쇠가 없어서 집에 들어갈 수 없는 상황

철컥하며 문이 닫혔다. 나는 집에 들어갈 수 없다는 것을 깨닫고 당황했다. 문의 손잡이를 돌려보았지만 전혀 움직이지 않았다. 나는 급히 서두르다가 열쇠를 두고 나왔다. 남편은 몇 시간 후에나 퇴근할 것이다.

앞으로 몇 시간이나 기다려야 한다고 생각하니 암담했다. 어떤 일이 이루어질 때까지 하릴없이 앉아서 기다리는 것은 내가 가장 싫어하는 일이다. 그러나 이제 어쩔 수 없었다.

더욱이 무척 더운 여름날 오후여서 돌아다닐 수도 없었다. 나는 그늘진 곳에 들어가서 이 난국을 어떻게 해결할 것인지 방법을 생각했다. 아주 급한 상황이 아니었기 때문에 이웃에게 도움을 청할 필요는 느끼지 않았다. 다른 방법이란 창문을 부수고 들어가는 것이었지만 그것은 좀 지나친 방법인 것 같았다. 자동차 열쇠도 집에 두고 나왔기 때문에 자동차를 타고 어디로 갈 수도 없었다. 그저 기다리는 수밖에 없었다.

나는 편히 앉아서 기다리는 동안 주위의 아름다운 경치를 보기 시작했다. 계속 날씨가 더웠지만 비가 많이 왔기 때문에 사방이 초록빛으로 물들어 있었다. 나에게는 훌륭한 남편, 시골에 있는 아름다운 집, 훌륭한 교회, 좋은 친구들 등 감사할 것이 많았다.

오늘 아침에 나는 아동 프로젝트를 돕기 위해서 성급히 교회에 가느라 기도를 소홀히 했다. 집에 들어가지 못하게 된 것은 하나님께서 나의 관심을 끄시기 위한 방법일 수 있을까? 어쨌든, 이제 나는 다시 하나님께 관심을 갖게 되었다.

하나님께 생각을 집중하면서 내가 중요하게 생각했던 것을 하나도 할 수 없다는 사실은 차츰 뒤로 물러나고 시편 46:10이 떠올랐다: "너희는 가만히 있어 내가 하나님 됨을 알지어다." 그리고 여러 사람이 생각나기 시작했다. 나는 주일학교 학생들, 교회의 친구들, 가족들 등 생각나는 사람들을 위해 기도했다.

언젠가 우리 교회 목사님은 "하나님과 대화하기 위해서 약속을 할 필요는 없다"고 말씀한 적이 있다. 맞는 말이다. 그러나 나는 마치 하나님이 나와 대화를 하시기 위해서 약속을 필요로 하신다는 것처럼 행동한 적이 무척 많았다. 나는 나의 정신적 일정표에 하나님을 삽입해 놓았었다. 일정이 바빠지면, 나는 하나님과 함께하는 시간을 제한하거나 오늘 아침처럼 전혀 하나님과 함께 시간을 보내지 않곤 했다.

나는 하나님을 당연한 분으로 여기며 하나님이 주시는 복을 받으면서도 감사하지 않았다. 오늘 내가 집에 들어가지 못했던 것처럼, 나는 나의 일과에서 하나님을 쫓아냈던 것이다. 이제 하나님과 교제하는 것 외에 내 일정에서 모든 것이 정지되었다.

내가 앉아 있는 나무 위로 산들바람이 불었다. 나는 시계를 보았다. 내가 급하게 집에서 나온 지 한 시간이 흘렀다. 나는 나 자신 및 주님과 더불어 화평을 느꼈다.

하나님과 함께하는 시간만이 나의 영적 에너지를 새롭게 만들어 주었다. 하나님께서 성급하게 우선순위를 강조하던 나의 태도를 사용하셔서 기다리는 시간에 하나님을 바라보게 해주신 것에 감사했다.[4)]

맛보아 알지어다 | Taste and See

호흡기도

호흡기도(breath prayer)란 하루 종일 기억할 수 있는 짤막한 기도이다. 히브리어로 호흡(breath: *ruach*)과 영(spirit: *pneuma*)은 같은 단어이기 때문에, 그리고 기도는 호흡처럼 자연스러운 것이 되어야 하기 때문에, "호흡기도"라고 한다. 그것은 하나님 앞에서 마음의 깊은 소원을 표현한다.

먼저 눈을 감고 마음을 가라앉히도록 하라. 당신이 하나님의 사랑의 현존 안에서 쉬고 있고, 하나님께서 당신을 철저히 돌보신다는 것을 기억하라.

· 하나님께서 당신의 이름을 부르시면서 "________________야, 네가 가장 원하는 것이 무엇이냐?"라고 물으신다고 상상해 보라.

· 마음 깊은 곳에서 떠오르는 단어나 구절로 정직하게 대답하라.

· 그 다음에는 당신이 가장 좋아하거나 자연스러운 하나님의 이름을 선택하라.

· 당신이 좋아하는 하나님의 이름과 당신의 소원을 표현하는 단어나 구절을 결합하여 여섯 음절이나 여덟 음절로 된 짧은 기도문을 만들라. 예를 들면 다음과 같다.

내가 원하는 것	내가 선택한 하나님의 이름	만들 수 있는 기도문
평화	하나님	하나님, 나로 당신의 평화를 알게 하소서.
사랑	예수	예수님, 당신의 사랑을 느끼게 해주소서.
안식	목자	나의 목자시여, 나로 당신 안에 쉬게 해주십시오.
인도하심	영원한 빛	영원한 빛이시여, 나를 당신의 길로 인도해 주십시오.

- 기도를 몇 분 동안 반복하면서 그 기도문이 고요하게 흘러가도록 하라.

- 하루 중 고요한 때에 당신이 만든 기도문으로 기도하라. 하루 종일 집안일을 하거나 산책을 할 때, 또는 자동차를 타고 하는 동안에 그 기도를 하라. 당신의 인식을 재형성하고 영을 평온하게 하기 위해서 하나님이 당신의 기도를 어떻게 사용하시는지 주목하라.

금주의 영성 훈련

이번 주에는 "호흡기도"라는 기도를 소개했다. 한 주 동안 계속해서 하나님의 현존 안에서 잠잠히 머무는 훈련을 할 기회, 그리고 호흡기도의 시간을 가지기 바란다. 하나님의 현존 안에 머물기 위해 얼마 동안 방해를 받지 않을 조용한 개인적인 장소를 찾아라. 외적으로 분심될 가능성을 줄이고, 이 기도의 선물을 받아들이라.

1. 편안하면서도 방심하지 않고 졸지 않을 수 있는 자세를 취하라. 대부분의 경우 허리를 똑바로 펴고 앉아서 눈을 감고 두 손을 펴는 것이 좋다. 몇 차례 천천히 숨을 쉬면서 근육의 긴장을 풀라. 당신이 좋아하는 하나님의 이름에 집중하거나 호흡에 집중함으로써 정신의 활동을 정지시키면서, 히브리어로 "호흡"과 "영"이 같은 단어임을 기억하라. 당신의 내면이 고요하고 잠잠해지면, 당신 자신을 하나님의 사랑과 빛 안에 두라. 침묵하면서, 하나님께서 당신에게 주시려는 것을 받아라.

2. 10-15분 동안 호흡기도를 하라. 앉아 있을 때, 걸어갈 때, 설거지를 하는 동안, 빨래를 갤 때, 화분에 물을 줄 때, 또는 당신의 정신 표면만 점유하며 다른 사람들과의 상호작용을 포함하지 않는 활동을 할 때에 호흡기도를 실천해 보라. 이렇게 기도하는 것이 어떤 것인지 영성 일지에 기록하라. 당신이 직면한 어려움, 문제점, 또는 당신의 견해를 기록하라.

3. 사랑하는 사람에게 당신의 호흡기도를 알려주고, 그 사람에게 당신과 함께, 당신을 위해 기도해 달라고 부탁하라. 또는 어떤 사람을 도와 그 나름의 호흡기도를 발견하게 해주고 그 사람과 함께, 그 사람을 위해 그 기도문으로 기도해 주겠다고 제안하라. 그 후 며칠 동안 일상생활에 대한 당신의 인식에 나타나는 변화를 일지에 기록하라.

보다 깊은 탐구

기도의 기술은 시간을 품위 있게 보내는 방법, 즉 토기장이의 수중에 있는 진흙이 되는 방법을 배우는 기술이다. 이것은 쉬운 것처럼 보이지만, 실제로는 가장 배우기 어려운 것이다.

—토머스 그린, *When the Well Runs Dry*

모든 사람에게는 피조물이나 사람이나 쾌락 등 어느 것도 만족시켜 줄 수 없는 열망이 있다. 우리는 살아 계신 하나님을 갈망한다.

—데이비드 렌즈버거, *Weavings*

기도할 때에 우리가 실질적으로 해야 할 일은 이미 마음속에서 진행되고 있는 대화에 우리 자신을 조율하는 것이다. 그렇게 하면, 우리의 중심에서 표현되고 있는 하나님에 대한 갈망과 우리의 의식적인 의도를 조화시킬 수 있을 것이다.

—매조리 톰슨, *Soul Feast*

제5주

여정의 동반자

영성 생활이란 하나님과 관계하는 생활이며, 우리와 함께 여행하는 사람들에 의해서 형성되고 장려되고 촉진된다. 다시 말해서 영성 생활은 배타적인 여정이 아니며, 공동체 안에서 발생하는 것이다.[1)]

—웬디 라이트, *Alive Now*

도입

1. 복습:

지난주에는 우리의 정신과 마음을 살아 계신 하나님께 열게 해주는 은혜의 방편인 기도에 대해 탐구하면서, 하루 종일 쉬지 않고 기도하는 방법인 호흡기도를 실천해 보았다. 이번 주에는 서로에게 관심을 기울이는 것이 하나님의 현존에 집중하는 데 어떻게 도움이 되는지 살펴보겠다.

2. 공동체는 기독교인의 영적 여정에 있어서 반드시 필요한 선물을 제공한다.

· 하나님은 공동체 내의 구성원들을 통해서 매우 귀중한 선물을 주신다.

· 우리는 홀로 인생의 길을 여행해야 하는 것은 아니다.

3. 영적 성장에 있어서 신자들의 공동체가 중요한 이유는 무엇인가?

· 공동체는 영적 건강과 활력을 얻기 위해서 상호 의존하고 있다는 것을 경험으로써 가르쳐 준다.

· 친밀한 교제의 발달은 우리가 믿음 안에서 성숙하도록 도와준다.

· 믿을 만한 공동체는 서로 질문과 갈등과 희망과 기쁨 등을 나눌 수 있는 안전한 장소이다.

· 공동체 내에서는 서로 영적 헌신에 대해 책임을 질 수 있도록 도와줄 수 있다.

· 공동체 내에서는 다른 사람들을 존중하며 공통된 견해를 발표하는 법을 배운다.

· 영적 공동체는 심오한 영적 경험이나 혼란스럽게 하는 영적 경험에 대한 관점과 지도를 찾는 장소가 될 수 있다.

맛보아 알지어다 | Taste and See

거룩한 경청의 원리

다른 사람의 말에 귀를 기울이는 태도는 우리를 거룩한 땅에 자리 잡게 해준다. 우리가 경청하는 대상은 하나님의 형상으로 지음을 받은 하나님의 자녀이다. 또한 우리가 하나님의 소중한 아들이나 딸의 말을 경청할 때에 하나님은 우리와 함께 계신다. 그렇기 때문에 우리는 다른 사람의 말을 경청하면서 하나님의 음성을 들을 수 있다. 우리는 하나님이 상대방에게 어떻게 임재하시는지, 그리고 우리가 경청하는 동안에 하나님께서 개인적으로 어떻게 우리에게 임재하시는지에 집중할 수 있다.

신앙 문제와 관련하여 다른 사람과 대화할 때에는 다음과 같은 경청의 기본자세와 원리를 실천해 볼 수 있다.

· 천천히 숨을 쉬면서 하나님 앞에서 당신과 다른 사람들이 어떤 존재인지 생각하라. 모두 하나님의 사랑받는 자녀들이다. 하나님의 임재를 의식하며, 하나님의 음성을 잘 들을 수 있도록 성령께 도움을 청하라.

· 당신 자신의 일정을 무시하고 상대방에게 완전히 관심을 기울이라. 혹시 전달하고 싶은 생각이나 느낌이나 견해가 있어도 뒤로 미루라. 필요한 경우에만 질문하라.

· 따뜻함과 이해력을 가지고서 상대방의 눈을 들여다보라. 당신이 상대방의 말을 들을 수 있다는 것을 자세로 나타내라. 손과 발을 편안히 하라. 계속해서 시선을 마주칠 필요는 없지만, 시선이 마주칠 때에는 눈을 크게 뜨고 사랑한다는 표정을 나타내라.

· 머리로만 듣지 말고 마음으로 들으라. 상대방의 자세와 몸짓과 어조로 표현되는 느낌과 분위기에 주의를 기울이라. 구두로 표현되는 말은 전달되는 메시지의 일부에 불과하다.

· 하나님께서 두 사람 모두에게 임재하고 계시다는 것을 의식하려고 노력하라. 상대방의 말을 듣는 동안에, 마음이 내키면 간단한 찬양이나 감사나 간구의 기도를 드리라.

· 헤어질 때에는 상대방에게 그의 이야기나 관점이나 갈등을 들을 수 있는 기회를 준 것에 대해 감사를 표현한다. 그 사람에 대해 자세히 알게 됨으로써 당신이 풍요하게 되었음을 나타내라.

· 이런 식으로 상대방의 말을 경청함으로써 배운 것을 일지에 기록하라.

묵상을 위한 독서

금주에는 기독교적 여정 안에 있는 공동체라는 선물에 대해 탐구한다. 우리는 개인의 특성과 성과를 우상화하는 경향을 지닌 문화 안에서 살고 있기 때문에, 공동체를 소중히 여기는 법을 배운다는 것은 하나의 도전이 될 수 있다. 다음은 기독교인의 성장과 제자도에 있어서 공동체의 중요성을 묘사한 글이다.

공동체의 교훈

우리가 자신의 삶에 대해 깊이 생각할 때면, 자신이 보고 학습하고 모방함으로써 배운 많은 것들을 생각할 수 있다. 우리는 이런 방식으로 자전거를 타는 법, 자동차를 운전하는 법, 무거운 물건을 들어 올리는 법 등을 배운다. 또 고등학교에서 훌륭하게 행동하는 법, 어른이 되어 사회적으로 점차 높은 지위로 올라가는 법, 그리고 품위 있게 늙어 가는 법도 배운다. 간단히 말하자면 우리는 공동체 안에서 삶을 배운다.

기독교인의 삶도 동일하다. 성경에는 외톨이 제자의 예가 없다. 심지어 바울도 극적으로 회심하고 사막에서 오래 머문 후 예루살렘으로 가서 사도들과 합류했으며, 그 후 안디옥에 있는 교회에 합류했다(행 9:26-30; 11:25-26). 그가 교회를 세울 때에는 항상 여러 사람들과 함께 여행했다. 그는 때에 따라서 바나바, 실라, 디모데 등과 팀을 이루어 사역했다. 공동체에 기초를 두고 관계를 맺으면서 제자를 삼는 방식은 예수님과 제자들이 시범적으로 가르치셨으며, 그것은 오순절 이후의 소란한 시대에 바울과 초대교회에 필요한 뒷받침을 제공해 주었다.

우리는 관계 안에서 가장 훌륭하게 학습할 수 있으므로 제자가 되는 법도 그런 방식으로 효과적으로 학습한다. 그러나 교회 안의 사랑의 공동체를 통해서 제자들이 배출되는 경우는 매우 드물다. 서구 문화의 오만한 개인주의가 교회 안에 침투해 들어와서 개인들이 홀로 제자로서 성장하려고 노력하는 상황을 초래했다. 물론 이것은 눈에 띄게 성공을 거두지 못했다. 이렇게 외톨이로 활동하는 제자들은 예수님에 대한 지식을 얻기 위해서 기독교 서적들, 비디오테이프, 회의, 등 많은 자원들을 이용할 수 있다. 그러나 사실들과 아이디어들의 축적은 성

> 경에 기초를 둔 제자 만들기의 시작에 불과하다.
> 서로 도와서 성령에 의해 변화된 생활을 하는 법을 배우는 제자들의 공동체가 필요하다.…우리가 배우고 실천하고 실패하고 궁극적으로 변화의 동인(動因)들로부터 빠져나올 수 있는 공동체가 없는 것은 안전한 기초가 없는 것과 같다. 공동체라는 기초가 없는 교회는 궁극적으로 쇠할 것이다.[2)]

교회가 어떻게 그러한 사랑의 공동체, "배우고 실천하고 실패하지만" 다시 시도하여 차츰 진실로 예수님을 따르는 사람이 되는 자유를 양성해 주는 공동체가 되느냐고 질문하는 사람도 있을 것이다. 우리 교회 중에는 판단하는 공동체들이 있다. 그러한 공동체 안에 있는 사람들은 낙인이 찍히거나 거부당할 것을 두려워하여 결코 자신의 깊은 질문이나 상처, 약점을 드러내지 않으려 한다.

교회 생활에서 우리를 신앙인으로서 장성하게 해주는 주요한 구조들 중 하나는 소그룹이다. 여러 가지 형태를 취하고 다양한 목적을 충족시켜 줄 수 있는 소그룹들에는 공통된 특징들이 있다. 기독교인들은 소그룹 안에서 자신이 어떤 존재인지, 그리고 자신의 신앙과 갈등 등을 나눌 수 있다. 그들은 다른 회원들과 신뢰를 쌓고 자기들의 욕구와 꿈에 대해서 이야기하고 믿음을 증언하기 시작한다.

담대하게 소그룹에 참여한 많은 사람들은 그 과정에서 하나님이 자기들에게 보다 실질적인 분이 되신다는 것을 발견했다. 그러한 사람들이 자신의 경험을 토대로 이야기 하는 것을 들어보는 것도 도움이 될 것이다.

남아프리카에서 자넷이라는 여인이 흑인들과 백인들로 구성된 소그룹에 참여했다. 그들은 지금까지 몇 년 동안 모여서 성경을 읽고 공부하고, 기도하고, 자신의 이야기를 털어놓고, 서로 용기를 북돋워 주고 있다. 다음은 이 훈련의 가치에 대해 자넷이 말한 내용이다:

> 나는 26년 전에 예수 그리스도께 내 삶을 맡겼다. 그러나 지난 3년 반 동안 동료 신자들과 언약 그룹(Covenant Group)에 참여하여 예수님과 동행하면서, 나는 "기독교인이 된다는 것"의 참된 의미를 발견했다. 언약 그룹의 여성에서는 그룹 내의 각 사람과 하나님께 대한 책임이 요구된다. 이것은 나의 삶을 변화시키고 생명을 주었다. 나는 그룹 내의 사람들과 그룹 밖의 사람들에게 제자로서 반응할 수 있었다.[3)]

또 캐틀린이라는 여인은 건전한 소그룹을 찾기 위해서 노력할 필요가 있다는 점을 발견했다:

> 각각 다른 사람들을 모아 건전하고 인간적인 그룹을 형성하려면 우리 문화에서는 어려운 믿음의 도약이 필요하지만, 우리가 가꾼 영의 열매들을 추수하는 일은 가치 있는 일이다.…소그룹 경험은 비옥하고 거룩한 기초를 제공해 준다.[4]

금주의 영성 훈련

우리는 파트너와 함께 행하는 거룩한 경청의 훈련에 대해 알아보았다. 금주에 우리에게는 배우자, 자녀, 친구, 동료 또는 나그네 등 누군가의 말을 경청할 수 있는 많은 기회가 주어질 것이다. 모든 참된 의사소통의 기초는 주의 깊게 집중하여 경청하는 것이므로, 이것은 제대로 학습해야 할 중요한 영적 습관이다. 깊이 경청하는 능력은 우리의 대인관계에 유익한 영향을 미친다. 그러므로 금주에는 다음의 훈련들 중 한두 가지를 시도해 보라.

1. 앞에 언급된 "거룩한 경청의 원리"를 다시 읽으면서 기본 개념과 전반적인 과정을 깊이 생각해 보라. 그 다음에는 경청을 실천하기 위해서 날마다 당신과 함께 지내는 사람을 선택하라. 그 사람에게 당신이 하려는 일에 대해 미리 말해 줄 필요는 없다. 그저 당신이 이런 식으로 경청할 수 있는 자연스러운 기회가 오면 놓치지 마라. 필요하다면, 경청을 시작하기 위해서 자연스럽게 개방적인 질문을 해도 좋다. (청소년을 대상으로 할 때에는, 서로 눈을 들여다볼 수 있는 정도로 가까운 곳에 앉거나 나란히 걸어가면서 대화를 하는 편이 쉬울 것이다.) 적어도 5-10분 동안 계속해서 상대방의 말을 경청하라. 그동안에 자연스럽게 당신이 듣고 있는 것과 직접 관련이 있는 개방적인 질문을 할 수도 있다.

   이렇게 경청하는 동안에 경험한 것 및 상대방의 반응을 일지에 기록하라. 이 과정에서 당신이 얼마나 하나님을 의식하고 있었는지 스스로에게 질문하라.

2. "거룩한 경청의 원리"를 다시 읽으면서 기본 개념과 과정을 이해하라. 그 다음에는 경청의 대상으로 아주 밀접한 관계에 있지 않은 사람, 즉 친구나 동역자나 일반적인 지인을 선택하라.

   이번에도 이 경청의 과정에서 경험한 것과 상대방의 반응을 기록해 두라. 하나님의 현존에 대한 당신의 의식 수준에 대해 깊이 생각하라. 이 두 가지 경청 경험의 차이점에 대해 생각해 보라.

3. 방해받지 않을 장소에 편하게 앉으라. 10분 동안 침묵하면서 당신의 영혼을 자극하는 하나님의 음성에 귀를 기울이라. 당신이 들었거나 감지한 것은 무엇인가?

   침묵하며 경청하는 시간을 마친 후에, 당신이 훌륭하게 경청한 장소 / 시간 / 대상, 그리고 보다 충실하게 경청해야 할 필요가 있는 장소 / 시간 / 대상을 보여 달라고 하나님께 청원하라. 경청하면서 직면한 어려운 점들—두려움, 느낌 또는 갈등—을 하나님께 가져가라. 그리고 하나님의 응답에 귀를 기울이라. 당신이 들은 것을 일지에 기록하라. 기도문을 기록해도 좋다.

보다 깊은 탐구

대등하게 이야기할 수 있는 대상…두려움 없이 자신의 잘못을 고백할 수 있는 대상, 영성 생활에서 자신의 진보를 거리낌 없이 이야기할 수 있는 대상이 있다는 것은 얼마나 행복하고 안전하고 즐거운 일인지 모른다.

—12세기의 리보의 아엘레드, Spiritual Friendship

영적 우정이란 다른 형태의 지도(指導)들보다 더 호혜적이고 대등하며, 하나님의 사랑 안에서 서로 격려해 주는 것을 목적으로 한다.

—Wendy Wright, The Upper Room Dictionary of Spiritual Formation

우리 각 사람에게는 지원해 주고 때로는 도전을 주는 교제와 공동체가 필요하다…안타깝게도 우리는 하나님의 참된 소명이 아니라 자신이 듣고 싶은 것을 듣는 실족하기 쉬운 존재이다. 영적 공동체는 우리가 바른 길에서 벗어나지 않도록 도와준다.

—Debra Farrington, Alive Now

제6주

사랑으로 관계 맺기

> 다른 사람을 돕는 것은 기독교적 성장의 목표가 우리 자신의 뜨거운 감정보다 위대하다는 것을 상기시켜 줍니다. 그것은 하나님께서 온 세상 사람들에게 깊이 마음을 쓰고 계시다는 것을 상기시켜 줍니다…우리는 다른 사람들과 함께 성장해야 합니다.[1)]
>
> —Timothy Jones, *Finding a Spiritual Friend*

준비

1. 복습:

그리스도 안에서 우리의 영성 형성은 단순히 우리 자신의 개인적인 행복만 위한 것이 아니라 "세상을 위한" 것이다. 지금까지 5주 동안 우리가 이야기하고 경험한 모든 것은 우리를 이끌어 하나님의 부르심에 귀를 기울이며 세상과의 관계에서 그 부르심에 의거하여 행동하게 해준다.

· 일지 쓰기

- 믿음의 이야기 나눔
- 성경 묵상(lectio divina)
- 호흡기도
- 거룩한 경청

하나님께서 우리를 불러 사랑으로 관계를 맺으라고 하시는 곳, 그리스도께서 임재하시는 곳으로 만들라고 하시는 곳은 어디입니까?

- 세상의 선물
- 하나님께서 우리에게 주신 사명
- 기독교적 소명

2. 깊이 경청하면 충실하게 응답할 수 있다.

성경에서 반복되는 “듣고 순종하다”는 말에는 들은 것을 향한 움직임이 함축되어 있다.

우리가 하나님의 사랑의 음성에 귀를 기울일 때에, 우리는 사랑으로 반응한다.

3. 예수께서 우리에게 접촉하라고 말씀하시는 "이웃"은 누구인가?

"이러한 이웃 사랑은 자아의 감옥에서 빠져나오는 유일한 문이다"[2] (George MacDonald).

잠재적 이웃들을 열거해 보라.

예수께서 사역하시면서 사람들과 관계하신 것에 대한 이야기들을 상기해 보라.

당신은 그러한 이웃과 어떻게 접촉하려는가?

4. 살아가면서 행하는 일을 직업으로 의식하지 말고 소명으로 의식하라.

나에게는 하나님께서 주신 목적, 세상에서의 개인적 사명이 있다.

"하나님은 자격이 있는 사람들을 부르시는 것이 아니라, 부르심을 받은 사람에게 자격을 부여해 주신다."

기독교적 소명에는 일상생활 속에서 하나님의 부르심을 듣고 응답하는 것, 즉 "하나님의 임재를 실천하는 것"이 포함된다.

5. 일상생활에서 하나님의 임재 실천하기

학습을 통해서 얻는 본보기들

매일 행하는 규문(糾問) 또는 자기 성찰 입문

맛보아 알지어다 | Taste and See

매일 행하는 규문(糾問)

규문(糾問, The Examen)은 일종의 자기 성찰 형태로서 하나님의 임재와 관련하여 하루의 생각과 느낌과 행동을 간단히 돌이켜 보는 것이다. 이것은 밤에 잠자리에 들기 전 실천하는 것이 가장 효과적이지만, 하루 중 다른 시간에도 지나간 24시간을 회고하면서 실천할 수 있다.

아래에 제시한 규문은 로욜라의 이그나티우스의 가르침에 기초를 둔 것으로서 직접적인 기도의 형태를 취한다. 다음의 기도문들을 길잡이로 삼으라:

나를 지으신 하나님, 나는 완전히 하나님을 의지합니다. 나의 존재 전체와 내가 가진 모든 것은 하나님께서 내게 주신 선물입니다. 오늘 내게 선물들을 주셨으니 감사합니다. 하나님의 후한 은혜를 찬양합니다!

성령이여, 성령님은 종일 나에게 나 자신을 드러내 주십니다. 성령님이 내 삶을 인도하시고 형성하시는 방법을 더욱 더 확실히 깨닫게 해주시며, 내가 성령님의 역사를 방해하는 것들이 무엇인지 깨닫게 해 주십시오.

하나님은 오늘 종일 내 삶에 임재하셨습니다. 이제 내가 다음과 같은 것들을 묵상할 때에 내 곁에 임재해 주십시오:

- 오늘의 사건들과 사람들 안에 하나님이 임재하신 일
- 오늘 나의 느낀 것들 안에 하나님이 임재하신 일
- 나를 향한 하나님의 부르심
- 부르심에 대한 나의 응답

하나님, 사랑으로 나를 용서하시고 치유해 주십시오. 오늘 내가 가장 크게 원하는 치유는 ______________입니다.

하나님의 사랑과 능력 안에서 소망과 믿음을 충만히 받았으므로, 나 자신을 하나님의 돌보심에 맡기며, 또한 하나님께서 나에게 ______________을 주려 하신다고 확신합니다(당신에게 가장 필요한 은사를 기록하라).[3)]

묵상을 위한 독서

금주에는 기독교인의 영적 성장 안에 있는 하나님의 세상의 선물에 대해 탐구했다. 우리의 주위 세상에는 온통 절박하게 필요한 것들과 잠재력이 가득하다. 또한 이 세상은 그러한 욕구들을 충족시키고 잠재력을 채워 줄 방대한 자원들을 제공한다. 우리 시대에 필요한 것들을 충족시키기 위해서 우리 자신 및 우리가 받은 은사들을 어떻게 사용해야 하는가? 우리는 자원과 건설적인 아이디어들을 공동으로 제공하는 일에 공동체 내의 사람들과 기꺼이 협력하려 하고 있는가? 예수님의 제자로서 우리가 세상을 대면하는 방식은 우리의 지속적인 영적 성장을 형성하며, 또한 그리스도의 몸에 속한다는 것의 의미를 세상에 보여준다.

다음의 두 가지 이야기는 영성 생활의 이러한 측면을 예증하는 데 도움이 될 것이다. 하나는 개인의 이야기이고, 나머지 하나는 어느 회중의 이야기이다. 두 이야기 모두 그리스도의 사랑을 가지고 사람들과 접촉하라는 하나님의 부르심을 묘사한다.

밤에 들려온 하나님의 음성

하나님은 종종 내 인생에서 좋지 않은 시기에 나를 부르곤 하셨다. 나는 보통 부적당하다고 느끼며 "하나님, 나는 이것을 할 수 없습니다"라고 소리치고 싶었다. 어느 날 새벽 3시 전화벨 소리에 잠에서 깨어났을 때에도 그런 기분이었다. 나는 두려움을 느끼면서 급히 전화를 받았다.

상대방은 나에게 친숙하지 않고 분명하지도 않은 음성으로 머뭇거리면서 "죄송하지만, 내 말을 들어 주실 수 있습니까?"라고 말했다.

나는 순간적으로 전화를 끊으려 했지만, 완전히 희망을 잃은 듯한 음성 때문에 그것이 장난전화가 아니라는 것을 직감했다.

나는 "내가 강의하는 성인 교육 과정을 듣는 분이십니까?"라고 물었다.

그는 그렇지 않다고 대답했다. 그 청년은 다른 주에서 활동하는 세일즈맨이었는데 사업 때문에 내가 살고 있는 작은 시골 마을에 오게 되었다고 한다. 그는 저녁을 술집에서 보낸 후 모텔로 돌아와서 계속 혼자서 술을 마시고 있었다. 그는 점점 더 우울해져서 결국 통제할 수 없게 되었다. 그는 전화번호부에서 긴급 전화 목록을 찾아보았지만 찾지 못했기 때문에 닥치는 대로 다이얼을 돌렸는데, 그것이 내 전화였던 것이다.

나는 두 시간 동안 그의 이야기를 들어 주었다. 그는 자기의 직업과 관련하여 가지고 있는 희망, 결혼 실패로 인해 느끼는 죄책감, 그리고 딸에 대한 사랑 등을 이야기했다. 그는 부모님의 기대를 충족시키지 못했고, 부끄러워서 자신이 알코올 중독자라는 사실을 부모님께 말씀드리지 못하고 있었다. 그는 가톨릭 신자였지만, 적극적으로 신앙생활을 하지 않았기 때문에 하나님의 도우심을 구할 자격이 없다고 느끼고 있었다. 마침내 술에서 깨어나 정신을 차린 그는 밤늦게 전화를 걸어서 미안하다고 사과했다.

이제 내가 이야기할 차례였다. 만일 처음에 그것이 다른 사람이 해야 할 일이라고 생각했다면, 그것은 잘못된 생각이었을 것이다. 성경에서 야고보는 "이러므로 너희 죄를 서로 고하며 병 낫기를 위하여 서로 기도하라 의인의 간구는 역사하는 힘이 많으니라"(약 5:16)고 충고했다.

나는 침묵으로 기도하고서, 나 역시 많은 잘못된 결정을 했었다고 인정했다. 나는 그에게 "하나님은 항상 나를 용서해 주셨고, 내 힘의 근원이 되어 주셨습니다"라고 말했다.

그런 후에 그에게 사제에게 조언을 구하고 기도하라고 말해 주었다. 나는 자식이 있는 어머니였기 때문에, 부모의 사랑은 실망했다고 해서 사라지는 것이 아니라고 말해 주었다. 또 비록 떨어져서 살고 있지만 딸과 긴밀한 관계를 유지하라고 촉구했다.

그는 내 말을 주의 깊게 듣고서 인생의 이 시점에서 자기에게 다른 사람들의 도움이 필요하다는 데 동의했다. 그리고 아침이 되면 사제를 만나고, 또 알코올 중독을 치료하기 위해서 적극적으로 전문가의 도움을 받기로 약속했다.

그는 "전화를 끊어버리지 않고 내 말을 들어 주셔서 감사합니다"라고 말했다.

나는 "이번 주에 잊지 않고 당신을 위해 기도하겠습니다"라고 말해 주었다.

그는 놀란 음성으로 "제 생각에 당신은 가톨릭 신자가 아닌 것 같은데요"라고 말했다.

나는 "나는 가톨릭 신자가 아닙니다. 그러나 개신교인인 나의 기도도 효과가 있을 것이라고 생각합니다"라고 했다.

그는 진심으로 웃으면서 "당신은 꼭 내 어머니와 같은 말씀을 하십니다"라고 말했다. 나에게 있어서 그 말은 최상의 찬사였다.[4]

이 이야기는 진심에서 우러나서 상대방과 대화를 나누는 것이 제자도의 심오한 표현이 될 수 있다는 진리를 조명해 준다. 그것은 특별한 훈련을 받지 않고서도 우리 모두가 행할 수 있는 것이다. 우리는 매일 평범하고 하찮은 일을 통해서 하나님의 사랑에 대한 단순한 순종을 실천할 수 있다.

기독교인으로서 서로를 대하고 위하는 것은 개인적인 돌봄의 표현에만 국한되는 것이 아니다. 신자들의 공동체로서 협력하여 행동하는 것이 예수님의 제자들의 특징이다. 다음은 진정한 기독교적 환대를 제공함으로써 영적으로 성장한 어느 회중의 이야기이다.

진정한 기독교적 환대

뉴욕 시에 있는 얀 후스 장로교회도 다른 많은 교회들과 마찬가지로 교인들이 줄어들고 있었다. 주중에는 다양한 그룹들이 교회 부속 건물을 사용하고 있었다. 그러나 주중에 교회 부속 건물을 사용하는 그룹들과 주일 예배에 참석하는 사람들이 전혀 연결되지 않고 있는 듯했다. 주중에는 교회 본당을 보호하기 위해서 문을 잠그고 입구에 관리인을 배치하여 일반인의 접근을 막았다. 그런데 누군가가 하나의 접촉점을 발견해 냈다: 관리인이 하는 일을 보호가 아니라 환대로 바꾸면 어떻겠는가? 책상에 교회의 예배와 프로그램에 대한 안내물을 비치하고 안내인을 두었고, 지역사회 모임이 있을 때에는 본당의 문을 열어 누구든지 들어가서 기도할 수 있게 했다. 곧 주중 모임에 참석하는 사람들이 교회 생활에 참여하기 시작했고, 교회는 활력을 되찾았다.[5]

신약성경에는 "서로"라는 말이 자주 사용된다. 예수님을 따르는 사람들은 서로 사랑하고, 서로 짐을 져 주고, 서로 용서하고, 선한 행동을 하도록 서로 격려하며, 서로 죄를 고백하고, 서로를 위해 기도해야 한다.

예수님의 제자들인 우리는 서로 생명을 주고 지지해 준다. 일부 교회 지도자들은 기독교 공동체의 이러한 특성을 "서로 됨"(one anothering)[6]이라고 표현한다. 잠시 이 새로운 표현이 무엇을 생각하게 하는지, 그리고 우리의 개인적인 삶과 우리가 속한 교회의 어디에서 이것이 발생하는지 생각해 보라.

금주의 영성 훈련

금주에는 날마다 행하는 규문의 한 가지 형태를 시도해 볼 기회가 있었다. 이번 주간에 몇 가지 형태의 규문을 실천하여 어느 것이 우리에게 더 도움이 되는지 알아보려는 생각을 품을 수도 있다. 어떤 영성 훈련을 실천하는 데 있어서 옳은 방법이 오직 하나뿐인 것은 아니므로, 몇 가지 형태의 규문을 자유로이 실천해 볼 수 있다. 자신에게 적합하다고 생각되는 형태를 발견하면, 삶에서 그것이 열매를 맺을 수 있도록 힘이 닿는 한 충실하게 실천해야 한다.

아래 제시된 것 중에서 첫 번째 훈련은 몇 년 간격으로 실천할 수도 있는 자기 성찰의 형태이다. 그것은 삶을 간략하게 회고하는 것으로서 지금 당신의 삶에서 하나님의 부르심을 경청하는 데 도움을 줄 수 있다.

1. 내적으로 당신 자신을 하나님의 사랑의 임재 안에 둔다. 성령의 도움을 받아 자신의 삶을 곰곰이 생각해 보라. 당신이 가장 사랑하는 것은 무엇인가? 당신의 내면에서 활력이나 열정이나 헌신 등을 의식하게 만드는 것은 무엇인가? 세상을 향한 하나님의 목적에 대한 당신의 이해와 이 열정은 어떻게 연결되는가?

   이러한 문제들을 곰곰이 생각하면서, 당신의 인생에 대한 보다 분명한 의식이 떠오르는지 살펴보라. 하나님이 당신에게 주신 개인적인 사명이 무엇이라고 생각하는가? 생각나는 것을 일지에 기록하라.

2. 아래 제시된 일상적인 규문에는 선한 것이든지 악한 것이든지 우리의 의식의 내용을 더욱 의식하게 되는 일이 포함된다. 우리는 마음과 정신의 상태에 주목하면서 하나님이 임재하셨던 곳과 우리가 하나님의 은혜에 응답하거나 응답하지 않았던 것을 알기 위해 하루에 발생한 사건들과 상호작용들을 돌이켜 본다.

- 만일 기도하는 데 도움이 된다면 두 눈을 감고 긴장을 풀라. 하나님의 사랑을 받는 자녀인 당신의 신분을 상기하라.

- 하루 동안 하나님의 임재를 의식하기를 원했던 당신의 갈망이 있었는지 알아보라. 하루 종일 받은 은혜를 계시해 달라고 짧게 기도하라.

- 애써 노력하지 말고 그저 마음을 열고 "하루의 일 중에서 떠오르는 것을 듣고" 받아들이라. 의식하게 된 은혜의 증거를 감사하면서 인정하라.

- 그 다음에는 그 때에 당신이 어떤 상태에 있었는지 생각해 보라. 만일 당신이 그 은혜를 의식하지 못했거나 응답하지 않았다면 간단히 자비를 구하는 기도를 드리고, 다음에는 그런 식으로 응답하지 않기를 바라는 소원을 표현하라. 만일 그 순간 당신이 하나님을 의식했다면, "감사함으로 하나님께 미소를 보내라"는 의식에 의해서 응답했을 것이다.

- 마지막 두 단계를 되풀이하면서, 하루 동안 형성된 다양한 영상들과 기억들을 떠올리라. 이 과정을 마치면 관찰한 것들 중에서 중요하다고 생각되는 것들을 일지에 기록하라.[7]

3. 다음은 "삶-중심의 기도"라고 불리는 자기 성찰 방법이다.

하루 동안 발생한 일을 정리해 보라: 하루 동안 발생한 일들 중에서 10-12개의 중요한 사건들을 생각하고 목록을 작성하라. 여기에는 식사, 대화, 모임, 다른 활동이 포함된다.

하루를 돌이켜 보라: 자신을 판단하거나 느낌을 피하거나 핑계를 대지 말고 각각의 사건에 대해 곰곰이 생각해 보라. 이것은 당신의 일상생활의 실질적인 내용이다.

하루에 대해 감사하라: 하루 일과의 각 부분, 당신의 삶, 그리고 그 안에 하나님이 현존하심에 대해 하나님께 감사하라.

죄를 고백하라: 하나님과 이웃과 당신 자신과 피조물에 대해서 말과 행동과 생각으로 범한 잘못을 인정하라.

사건들의 의미를 찾아보라: "하나님은 이러한 사건들 안에서 내게 무엇을 말씀하시는가? 나를 어떤 일을 하라고 부르고 계시는가?"라고 스스로에게 질문하라. 생각난 것을 기록하라.[8]

4. 지난 여섯 주 동안 기독교 영성 형성을 공부하고 경험한 것을 살펴보면서, 자신에게 다음의 두 가지 질문을 하라:

· 내가 가장 고맙게 여기는 것은 무엇인가? 나를 활기차게 해주고 활력을 준 것은 무엇인가?

· 내가 가장 고맙게 여기지 않는 것은 무엇인가? 나를 가장 지치게 하는 것은 무엇인가?

당신의 반응에 기초를 두고서, 하나님께서 당신을 인도하여 가시는 생명을 주는 길이 어떤 길인지 생각해 보라. 이것이 당신을 향한 하나님의 부르심을 의식하는 데 어떤 영향을 주는가?

보다 깊은 탐구

다른 사람을 도와주는 일은 우리로 하여금 기독교적 성장의 목표가 우리의 뜨거운 감정보다 중요하다는 것을 상기하게 해준다. 그것은 하나님께서 세상 모든 사람들에 대해 깊이 염려하고 계시다는 것을 기억하게 해준다. 또한 그것은 우리가 영성 생활을 통해서 얻는 것이 개인적으로 성취하는 것보다 더 많다는 것을 기억하게 해준다. 우리의 성장은 이웃들과 공유되어야 한다.

—Timothy Jones, *Finding a Spiritual Friend*

우리가 서로 사랑하는 것은 하나님을 향한 사랑의 직접적인 표현이다: "그 형제를 사랑치 아니하는 자가 보지 못하는 바 하나님을 사랑할 수가 없느니라"(요일 4:20). 우리가 서로를 형제나 자매로 여기지 않으며 사랑하지 않는다는 것이 우리가 직면하는 고질적인 문제들 중 하나이다.

—Marjorie J. *Thompson, Soul Feast*

소그룹은 세상에서 그리스도의 손이 되어 궁핍한 사람들을 직접적으로 도와줄 수 있다. 또한 소그룹은 공적인 문제에 관해 토론하고 결정하는 장소가 될 수 있다…우리는 소그룹 안에서 여러 가지 문제들과 전략들을 확인하는 지혜와 지원을 발견할 수 있다…또 우리의 최선의 노력이 실패할 때에 희망과 사랑을 발견할 수 있다…소그룹은 이런 식으로 하나님의 통치를 선포하고 상한 곳을 고쳐주는 예수님의 사역에 참여한다.

—Pat Floyd, *Alive Now*

참고 서적 | ANNOTATED RESOURCE LIST

BEGINNING THE JOURNEY

A Seeker's Guide To Christian Faith by Ben Campbell Johnson.

Seeker's Guide to Christian Faith Packet.

Invitation to Presence: A Guide to Spiritual Disciplines by Wendy J. Miller.

Journaling: A Spiritual Journey by Anne Broyles. 한국어 번역본으로는 은성출판사에서 출간된 『영성 일지 기록하기』(엄성옥 역)가 있다.

The Workbook on Becoming Alive in Christ by Maxie Dunnam.

SHARING THE ADVENTURE

Discovering Community: A Meditation on Community in Christ by Stephen V. Doughty.

Remembering Your Story: Creating Your Own Spiritual Autobiography by Richard L. Morgan.

BREAD FOR THE JOURNEY

Shaped by the Word: The Power of Scripture in Spiritual Formation, rev. ed., by M. Robert Mulholland Jr. 역서로는 은성출판사에서 출간된 『영성 형성을 위한 거룩한 독서』(최대형 역)가 있다.

Gathered in the Word: Praying the Scripture in Small Groups by Norvene Vest.

A Turbulent Peace: The Psalms for Our Time by Ray Waddle.

Drink for Our Thirst

Beginning Prayer by John Killinger.

Creating a Life with God: The Call of Ancient Prayer Practices by Daniel Wolpert. 역서로 은성출판사에서 출판된 『기독교 전통과 영성기도』(엄성옥 역)가 있다.

Dimensions of Prayer: Cultivating a Relationship with God by Douglas V. Steer. 역서로 은성출판사에서 출판된 『기도의 능력』(엄성옥 역)이 있다.

The Workbook of Living Prayer by Maxie Dunnam.

Responding to God: A Guide to Daily Prayer by Martha Graybeal Rowlett.

A Guide to Prayer for All Who Seek God by Rueben P. Job and Norman Shawchuck.

Opening: A Daybook of Saint, Psalms, and Prayer by Larry James Peacock.

Travelling the Prayer Paths of Jesus by John Indermark.

Companions on the Way

Journeymen: A Spiritual Guide Who Men(and for Women Who Want to Understand Them) by Kent Ira Groff.

Praying Together: Forming Prayer Ministries in Your Congregation by Martha Graybeal Rowlett.

The Workbook on Keeping Company with Saints by Maxie Dunnam.

Reaching Out in Love

Yours Are Hands of Christ : The Practice of Faith by James C. Howell.

Transforming Ventures :A Spiritual Guide for Volunteers in Mission by Jane Ives.

Wrestling with Grace: A Spirituality for the Rough Edges of Daily Life by Robert Corin Morris.

The Soul of Tomorrow's Church: Weavings Spiritual Practices in Ministry Together by Kent Ira Groff.

Other Resources of Interest

The Upper Room Dictionary of Christian Spiritual Formation by Keith Beasley-Topliffe.

Alive Now

Weavings: A Journal of the Christian Spiritual Life.

The Upper Room Academy for Spiritual Formation.

주 | NOTES

개요

1) Elizabeth O' Conor, *Search for Silence*(Waco, Tex.: Word Books, 1972), 21.

제1주 여정의 시작

1) Thomas Merton, *Contemplative Prayer*(Garden City, N.Y.: Image Books, 1971), 37.
2) 이 정의는 Companions in Christ Training© 2004에서 전개한 것이다. 이것을 M. Robert Mulholland Jr.의 책인 *Invitation to a Journey: A Road Map for Spiritual Formation*(Downers Grove: InterVasity Press, 1993)에서 적용하고 확장시켰다.
3) Phyllis Tyler, "Wild West Redemption," *Alive Now*(July/August 2002): 21-22.
4) Anne Broyles, *Journaling: A Spiritual Journey*(Nashville, Tenn.: Upper Room Books, 1999), 14-15. 역서로 『영성 일지 기록하기』(서울: 은성출판사)를 참조하라.
5) Marjorie J. Thompson, *Soul Feast: An Invitation to the Christian Spiritual Life*(Louisville, Ky.: Westminster John Knox Press, 1995), 15; 역서로 『영성 훈련의 이론과 실천』(은성출판사) 42쪽을 참조하라.
6) Keith Beasley-Topliffe, ed., *The Upper Room Dictionary of Christian Spiritual Formation*(Nashville, Tenn.: Upper Room Books, 2003), 84.
7) Anne Broyles, Journaling: A Spiritual Journey(Nashville, Tenn.: Upper Room Books, 1999), 11; 역서로 『영성 일지 기록하기』(서울: 은성출판사) 12-13쪽 참조.

제2주 체험담을 나눔

1) Thomas H. Green, *When the Well Runs Dry*(Notre Dame, Ind.: Ave Maria Press, 1979), 55.
2) Ben Campbell Johnson, *Calming the Restless Spirit: A Journey Toward God*(Nashville, Tenn.: Upper Room Books, 1997), 73.
3) Adapted from *Calming the Restless Spirit*, 83-89.

제3주 여정을 위한 빵

1) Gregory the Great(540-604 CE), *Moralia in Job*, Book 1.
2) Stephen Bryant, Alive Now(July/August 1993): 28-30에서 인용.
3) Dietrich Bonhoeffer, *Meditating on the Word, ed. and trans. David MaI. Gracie*(Nashville, Tenn.: Upper Room, 1986), 44.
4) M. Robert Mulholland Jr., *Shaped by the Word: The Power of Scripture in Spiritual Formation*, rev. ed.(Nashville, Tenn.: Upper Room Books, 2000), 138. 역서로 최대형 역, 『영성 형성을 위한 거룩한 독서』(서울: 은성출판사, 2004), 184.
5) Richard J. Foster, *Prayer: Finding the Heart's True Home*(San Francisco: HaperSanfrancisco, 1992), 143-5. 역서로는 『기도』(서울: 두란노)를 참조하라.
6) Keith Beasley-Topliffe, ed., *The Upper Room Dictionary of Christian Spiritual Formation*(Nashville, Tenn.: Upper Room Books, 2003), 168.

제4주 여정을 위한 음료

1) Marjorie J. Thompson, *Soul Feast: An Introduction to the Christian Spiritual Life*(Louisville, Ky.: Westminster John Knox Press, 1995), 31. 역서로 은성출판사에서 간행된 『영성 훈련의 이론과 실천』을 참고하라.
2) Flora Slosson Wuellner, *Prayer, Stress, and Our Inner Wounds*(Nashville, Tenn.: Upper Room Boos, 1983), 18-19. 역서로는 은성출판사에서 출판된 『어떻게 치유할 것인가?』(엄성옥 역) 25-28쪽을 참조하라.
3) Janis K. Stanton, "The Gift of Silence," *Alive Now*(September/October 1998): 19.
4) Vickie Phelps, "Locked Out," *Alive Now*(September/October 1998): 16-17.

제5주 여정의 동반자

1) Wendy Wright, "A Conversation with Wendy Wright," *Alive Now*(January / February 1999): 11.
2) Jeffrey Arnold, "Lessons of Community," *Alive Now*(May/June 1996): 31-33.
3) Roland Rink, comp., "Song of the Barnabas Group," *Alive Now*(May/ June 1996): 49.
4) Kathleen N. Hardie, "The Light of Many Candles," *Alive Now*(May/ June 1996): 14.

제6주 사랑으로 관계 맺기

1) Timothy Jones, *Finding a Spiritual Friend: How Friends and Mentors Can Make Your Grow*(Nashville, Tenn.: Upper Room Books, 1998), 113.
2) George McDonald, "Love Thy Neighbour," as cited in *Unspoken Sermons*(New York: George Routledge, 1873).
3) Adapted from an unpublished work by Kathleen Flood, O. P., Nashvilles, Tenn., April 2000, and used by permission.
4) Vickie Elaine Legg, "A Call in the Night," *Alive Now*(March/April 1997): 49-51.
5) Kent Ira Groff, *The Soul of Tomorrow's Church: Weaving Spiritual Practices in Ministry Together*(Nashville, Tenn.: Upper Room Books, 2000), 112.
6) Jones, *Finding a Spiritual Friend*, 109쪽을 보라.
7) Adapted from Tilden Edwards, *Living in the Presence: Spiritual Exercises to Open Your Life to the Awareness of God*(San Francisco: HarperSanFrancisco, 1995), 84.
8) Adapted from Ben Campbell Johnson, *Invitation to Prayer*, rev. ed. (Decatur, Ga.: CTS Press, 1993), 18-22.

저자 소개 | ABOUT THE AUTHORS

메조리 톰슨 | Marjorie J. Thompson

장로교 목회자로서 영적 지도자, 피정 인도자, 그리고 현재 미국 내쉬빌에 있는 Pathways Center for Soiritual Leadership의 책임자로 사역하고 있다. 저서로는 *Family The Forming Center, Soul Feast*가 있으며, 영성 격월간지인 위빙스의 많은 글을 싣고 있다.

역자 | 최대형 | Anthony Paul Choi

미국의 Upper Room에서 주관하고 있는 제15차 영성 형성 아카데미(Acedemy for Spiritual Foration)를 수료하였으며, 은성출판사 대표이다. 역서로 하워드 라이스의 『영성 목회와 영적 지도』(The Pastor as Spiritual Guide), 토마스 하트의 『현대인의 영성 탐구』(Spiritual Quest), 『거룩한 등정의 사다리』, W. Paul Jones의 『광야의 계절』(*A Season in the Desert*)이 있으며 저서로는 『홀연히 어두울때 잠잠하라』가 있다.

영성 일지 | JOURNAL

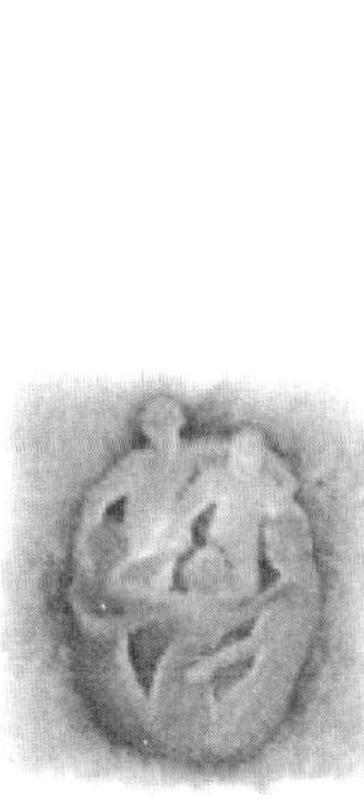

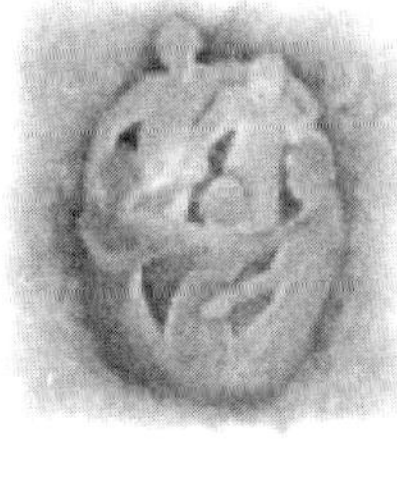

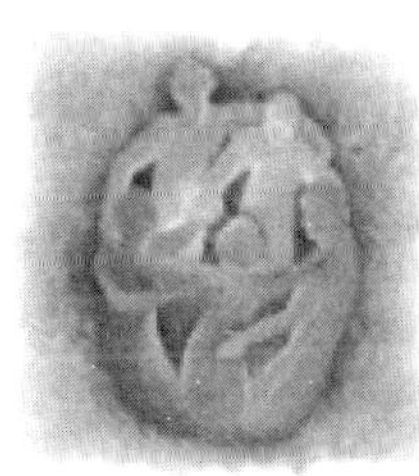

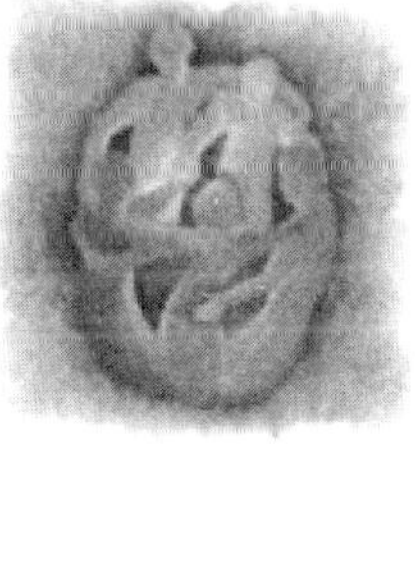

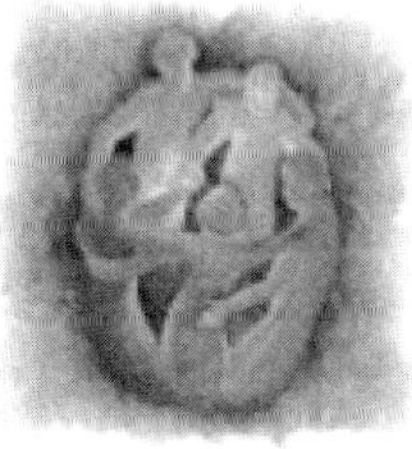